日本的雇用制度は
どこへ向かうのか

金融・自動車業界の
資本国籍を越えた人材獲得競争

八代充史 [著]
Yashiro Atsushi

中央経済社

はじめに

　本書は筆者が過去10年に渡って取り組んできたホワイトカラー管理職層の国際比較研究，具体的には同一産業・同一市場における人的資源管理の資本国籍間比較から「日本的雇用制度」の将来像を展望するものである。

　これまで筆者は，ホワイトカラーや管理職層の人的資源管理を研究してきた。大学院の学生時代から博士論文を執筆して最初に英国に留学するまでは，ホワイトカラーの異動と昇進を，フィールドワークによって「効率と動機づけ」という観点から検討した。次いで，英国留学から帰国後に転職を挟み再度の英国留学まで，ここではホワイトカラーの異動と昇進という研究対象を特に「管理職層」に絞り，説明変数として職能資格制度と人事部門を重視した。この間の研究成果は，『大企業ホワイトカラーのキャリア──異動と昇進の実証分析』（［1995］日本労働研究機構），『管理職層の人的資源管理──労働市場論的アプローチ』（［2002］有斐閣）として刊行されている。

　2年間の留学期間及び英国留学を終えて帰国後，3度目の渡英をするまでの10年間，筆者の研究は，これまで国内調査が中心だった管理職層の異動と昇進を，国際比較研究とオーラルヒストリーという歴史研究によってタテとヨコに広げたことで新しい段階を迎えた。『能力主義管理研究会オーラルヒストリー──日本的人事管理の基盤形成』（共編著［2010］慶應義塾大学出版会）及び『新時代の「日本的経営」オーラルヒストリー──雇

用多様化論の起源』(共編著［2015］「慶應義塾大学出版会）を隣接学問分野の友人達と刊行できたのは，この間の大きな成果である。

　さて，これまで回顧した筆者の30年余りの研究活動の基底をなすのが本書の題名にもある「日本的雇用制度」である。筆者が大企業ホワイトカラーの異動と昇進に関する研究を志したのは，同一年次同時昇進や職能を超える配置転換といった，一見非合理な管理を合理的ならしめている日本的雇用制度に強く惹かれたからであり，オーラルヒストリーに至っては，その問題意識は主題にもある様に日本的雇用制度そのものに他ならない。

　それでは，数多存在する類書と比べた本書の特徴は何か。それは，国際比較を通じて，この問題に接近したことである。もちろん日本的雇用制度の国際比較という研究領域には，ロナルド・ドーア『イギリスの工場・日本の工場』や小池和男『職場の労働組合と参加』など，既に数多くの優れた研究が存在する。しかし先行研究は，日本における日本企業と，アメリカ，イギリスにおけるアメリカ，イギリス企業の言わば「国間比較」であり，日本の日本企業とアメリカのアメリカ企業は直接労働市場を共有している訳ではない。他方，同一産業，同一市場の異なる資本国籍の企業は，単に製品市場だけではなく，労働市場でも人材獲得競争を展開している。従って，「同一産業・同一市場で競争している企業の人的資源管理が日系，米系等の資本国籍間の人材獲得競争を通じて一定方向に収斂するのか，或いは異なったままなのか」という「雇用制度間競争」から日本的雇用制度にアプローチするのは極めて重要な視点であると言えるだろう。こうした論点に関係する研究は，少なくとも管見の限りでは，山内麻理『雇用システムの多様化と国際的収斂』（［2013］「慶應義塾大学出版会）のみである。筆者の試みが成功しているかどうか，それは読者の判断に委ねたい。

本書をまとめるに際して，多くの方々に感謝の言葉をお伝えしたいと思う。

　まずは，青山学院大学大学院国際マネジメント研究科教授の須田敏子氏に大いなる謝辞を献じたい。同氏は，人的資源管理の国際比較研究では国内は言うに及ばず，国際的にも第一級の研究者で，流暢な英語力を武器に海外の学会やジャーナルで精力的に活動されている。第1章の制度経済学や制度社会学に関する記述は，文部科学省科学研究費の研究会で須田氏から幾度にも渡る御指導を受けた結果である。

　ちなみに，須田さん（と昔馴染みで呼ばせて頂きます）とのお付き合いは，今年で丁度四半世紀となる。私が大学に職を得た時日本能率協会にお勤めだった須田さんは，その後リーズ大学，バース大学で学位を取得され，京都産業大学を経て10年前に青山学院大学の社会人大学院の教員に就任された。現在は日本労務学会国際交流委員長の要職にあるが，如何に高みに上られても，人への接し方は全く変わるところがない。「人的資源管理，かくあるべし」と感じさせるお人柄には，いつも畏敬の念を感じている。

　また，2005年に英国留学から帰国後，筆者は多くの実務経験豊富な社会人大学院生と共に勉強する機会を得た。特に，一守靖（日本NCR人事教育・管理本部長），北川浩伸（日本貿易振興機構ハノイ事務所長），中川有紀子（立教大学大学院ビジネスデザイン研究科教授），山内麻理（同志社大学大学院ビジネス研究科客員教授）の諸氏と教室や学会，時にアルコールを交えて繰り返した議論の結果は文字通り本書の血となり肉となっている。山内さんは慶應義塾大学大学院商学研究科から授与された博士学位論文を単著として上梓され，1年余りで何と2つの賞のアワード・ウィナーとなられた。その後海外の権威ある学術誌にも論文が掲載され，今や国際場裏で活躍をしている。本書第1章にある資本主義の多様性に関する議

論は，山内さんからのご教示に負う所が大きい。また第6章，第7章の事例研究は，山内さんとの共同研究である。本書をまとめるに際しても，事前に草稿にお目通し頂き，記述の誤りを御指摘頂いた。山内さんというブリリアントな共同研究者が存在したことは，本書をまとめる大きなモチベーションであったことを特に記したい。

「日本的雇用制度」というテーマに関係して，変わらぬご厚誼を賜り続けているのは，中央大学戦略経営研究科教授の佐藤博樹氏と法政大学ビジネススクールイノベーション・マネジメント研究科教授の藤村博之氏である。我々3名は人事労務管理のテキストの共同執筆者であるが，1999年に上梓した同書はその後きっちり4年ごとに版を重ね，一昨年は第5版が刊行された。佐藤さんがまるで歌舞伎役者の如く，「これが一世一代」と「大号令」を掛けて毎回の作業が始まるが，4年後には当たり前の様に再度招集がかかり，「一世一代」の「大号令」と共に作業が再開される。その度に両巨頭からは「湯水の様に」情報が溢れ出るのであるが，浅学の筆者はそれを「ざる」の様な頭脳で受け取るしか術がない。残念至極であることこの上もないが，これも運命と諦めている。

　大学院時代より御指導を頂いている佐野陽子先生，石田英夫先生は，今回も研究報告に際して有益な（且つ厳しい）コメントを頂戴した。長年の学恩に対して，この場で記して御礼を申し上げたい。

　『雇用・就労変革の人的資源管理』（菊野一雄教授との共編），『人的資源管理論－理論と制度』に続き，筆者の著書をご担当いただく㈱中央経済社経営編集部編集次長市田由紀子さんにも大変お世話になった。市田さんは，人的資源管理論を専攻しながら仕事の進捗に関するマネジメント能力に全

く欠ける筆者を叱咤激励して巧みに刊行に導く，文字通りの「練達の仕事師」である。今回も，本書の構想を初めてお話しした4年前の夏以来，事務的な面はもちろん，内容面のクオリティを上げるために献身的な労をとられた。本当に有難うございました。

　なお本書の基になる研究をまとめる過程で，慶應義塾大学の福澤諭吉記念基金によって，オックスフォード大学サイド・ビジネススクール（2003～2004年），ケンブリッジ大学ジャッジ・インスティチュート・オブ・マネジメント（2004～2005年）への留学機会を頂いた。帰国後2005年度は，慶應義塾大学の学事振興資金から研究助成を得た。さらに，2015年度の学事振興資金によって，特別研究期間中，2015年3～9月までオックスフォード大学セントアントニーズ・カレッジ日産研究所に滞在できた。筆者の滞在中，格別の御対応をお取り頂いたサイド・ビジネススクールの酒向真理教授，ジャッジ・インスティチュート・オブ・マネジメントのフィリップ・スタイルス（Phillip Styles）上級講師，日産研究所の苅谷剛彦教授に深甚の謝意を表したい。2009年度から，文部科学省科学研究費基盤B（研究代表者・青山学院大学大学院国際マネジメント研究科須田敏子教授）の研究助成をいただいていることを感謝と共に記したい。

　最後に本書をまとめるに際しては，『管理職層の人的資源管理―労働市場論的アプローチ』（［2002］有斐閣）同様，慶應義塾大学商学会から出版助成をいただいた。助成をご承認いただいた友岡賛委員長他商学会委員会各位に厚く御礼申し上げたい。

　本書はかくも多くの方々のお力添えによって世に出るが，ありうべき誤謬については，その責が筆者のみに帰せられるのは言うまでもない。大方

の御叱正を賜ることができれば幸いである．筆者が慶應義塾大学に奉職して，昨年でちょうど20年を迎えた．年度内に刊行の目途が立ち，節目の年に4冊目の単著をまとめ上げた達成感にまずは浸りたいと思う．

2017年2月

三田山上にて

八代　充史

目　次

はじめに　*1*

序章　本書の目的とその構成　*11*

第1部　日本的雇用制度とは何か

第1章　日本的雇用制度とその理論 ——— *23*

1　日本的雇用制度とは　*25*
2　日本的雇用制度における新規学卒採用と年次管理　*27*
3　日本的雇用制度における昇進管理　*28*
4　日本的雇用制度における職能資格制度　*31*
5　日本的雇用制度における人事部門の機能　*33*
6　変化の兆し？―これからの日本的雇用制度　*35*

第2章　本研究の枠組み ——— *45*

1　人的資源管理と国際比較　*47*
2　同一産業・同一市場における「雇用制度間競争」　*53*

第2部 事例研究からみた「雇用制度間競争」

第3章 ロンドンにおける投資銀行の資本国籍間比較 ―投資銀行の「雇用制度間競争」(1) ―― 59

1 投資銀行とは　*61*
2 調査結果　*66*
3 考　察　*73*

第4章 投資銀行における賃金制度の資本国籍間比較 ―投資銀行の「雇用制度間競争」(2) ―― 79

1 本章の課題　*81*
2 ロンドンにおける調査結果　*82*
3 新たな研究の枠組み―賃金管理における「収斂」と「差異化」　*84*
4 東京における調査結果　*86*
5 考　察　*91*

第5章 ロンドンの日系金融機関における日本人出向者の役割 ―― 97

1 本章の問題意識　*99*
2 事例分析　*100*
　2.1　A社の事例　*101*
　2.2　B社の事例　*107*
　2.3　C社の事例　*111*
　2.4　D社の事例　*114*

　　　　　3　考　察　*118*

第 **6** 章 ｜ 東京における日系投資銀行の欧米化？
　　　　　―投資銀行の「雇用制度間競争」(3)―――― *125*

　　　　　1　投資銀行における2つの部門　*127*
　　　　　2　事例調査結果の概要　*129*
　　　　　3　考　察　*135*

第 **7** 章 ｜ 自動車産業の資本国籍間比較 ―――― *141*

　　　　　1　自動車産業の事例　*143*
　　　　　　1.1　A社の事例　*143*
　　　　　　1.2　B社の事例　*146*
　　　　　　1.3　C社の事例　*148*
　　　　　　1.4　D社の事例　*151*
　　　　　　1.5　E社の事例　*153*
　　　　　　1.6　F社の事例　*155*
　　　　　2　考　察　*157*

終　　章 ｜ これからの日本的雇用制度
　　　　　―同一産業・同一市場における
　　　　　　「雇用制度間競争」から示唆されること ―――― *159*

参考文献　*175*
索　　引　*183*

序章
本書の目的とその構成

日本的雇用制度とは

　本書の目的は，通常「日本的経営」，或いは「日本的雇用制度」と呼ばれるものの今後の方向性を，国際比較研究（筆者が実施した国際比較については，第2章で詳細に述べる）によって明らかにすることである。

　一般に日本的雇用制度とは，長期雇用，年功賃金をその中核とする人的資源管理の仕組みであり，アベグレン（Abegglen, James C.）[1958] によって広く世に知られることになった。かつて終身雇用，年功賃金，企業別組合が「日本的経営の三種の神器」と呼ばれていたが，「終身雇用」という表現は，60歳定年を前提にしても現在の長寿社会にはそぐわないということで，最近は「長期雇用」[1]と言うのが一般的である。

　これまで日本的雇用制度に関しては「イエ」や「ムラ」といった共同体と考える社会学的な視点，長期雇用や年功賃金を企業と従業員とによる人的資本の共同投資と考える人的資本理論の視点，年功賃金を労働者の怠けを防止するための手段，すなわち「賃金後払い」であるとする人事経済学的視点，同じく経済学に基づくが終身雇用制が組織内で従業員の信頼関係を醸成するというものなど，様々な見方が披瀝されてきた。社会学的視点は，日本的経営の特殊性を強調し，経済学的視点はその経済合理性を強調する。他方1980年代に入ると，日本企業の国際化に伴う海外の日系企業における日本的経営の普遍性に関して，多くの研究が行われた[2]。

　日本的雇用制度には，時期によってその評価が大きく異なるという点に特徴がある。

　まず，昭和30年代は，日本的雇用制度は，日本社会の「後進性」の象徴と考えられていた。例えば氏原[1953]は，年功序列制を「熟練の企業封鎖性」（今日，労働経済学で言う「企業特殊的熟練」）に根差しており，日本社会の後進性の象徴であると考えていた。

これに対して，昭和40年代は，『OECD対日労働報告書』（労働省訳 [1972] 日本労働協会）に代表される様に，日本的雇用制度を日本経済成功の秘訣と高く評価する論調が強まった。しかし，バブル経済が崩壊してこの10年は，そのOECD自身が，日本の雇用保護が労働市場二極化の原因としてたびたび日本企業の正社員に対する雇用保護に対して是正を勧告している（『OECD対日審査報告書2015年版』[2015年4月]）。

　この様に日本的雇用制度に対する評価が揺れ動くのは，一言でいえば，従業員が固定的労働力であるという点にその理由がある。長期雇用や年功賃金が，従業員への人的投資や信頼関係の醸成を促進するとしても，労働費用が固定化することは否めない。従って経済が長期間低迷するとその理由が雇用制度に帰せられ，成長期の評価が一変する。もちろん企業は正社員労働力の固定性の下でも人件費をコントロールするためにパートタイマー等の縁辺労働力を活用するが，今度はそれが「労働市場の二極化」という新たな問題を引き起こすのである。また日本的雇用慣行の今一つの問題は，長期雇用や年功賃金，年次管理，定期昇給などが，「ベストタレントの確保」という観点からどの様に評価できるかである。

本書の目的

　こうした問題意識に基づいて，第2部では2つの産業の事例研究によって日本的雇用制度の将来像を検討する。以下，本書の基本的な枠組みを述べることにしよう。

　まず第1点は，研究の対象である。日本的雇用制度に関する研究はブルーカラーの熟練形成等については多くの研究が蓄積されている。筆者もこの点の重要性を否定する訳では全くないが，就業構造のホワイトカラー化が進展していることは紛れもない事実である。そしてホワイトカラー・管

理職層のインセンティブを規定するのは昇進・昇格・賃金である（八代（充）[2002]）。従って本書ではホワイトカラー層，特に事務系ホワイトカラーの人的資源管理・人事制度を念頭に置いて，日本的雇用制度の将来像を探りたい。

さて日本的雇用制度に関しては，それを堅持すべきというものから抜本的に見直すべきというものまで，従来多くの研究が行われており（小池[1981, 1994]，清家[2000, 2013]，島田（晴）[1994]，高梨編[1994]，八代（尚）[1997, 2009]），説明変数としては，熟練形成の必要性や技術革新，人口構造高齢化，人的資本の投資収益率等，様々な要因が挙げられてきた。

しかし日本経済のグローバル化に伴い，日本的雇用制度を規定する要因は単にこうした点に留まらない。日本の企業が海外に進出する，或いは，外資系企業が日本でビジネスを展開する結果，日本企業は単に他国の企業と製品市場，サービス市場で競争するのみではなく，労働市場では日本的雇用制度が異なる雇用制度と「競争」しているのである。

そこで第2点は国際比較研究の枠組みであるが，本書は事務系ホワイトカラーを念頭に置いた2つの産業を対象に，同一労働市場で人材獲得競争をしている，異なる資本国籍の企業の人的資源管理を比較する。即ち，同一産業・同一市場における「雇用制度間競争」が長期雇用や年功賃金を基調とする日本的雇用制度に如何なる影響を及ぼすかを検討するのが，本書の目的である[3]。日本的雇用制度は，労働市場における「雇用制度間競争」によって世界標準や産業の標準，即ち「ベスト・プラクティス」に収斂していくのか。逆に日本的雇用制度そのものが，世界標準足り得るのか。さらに，こうした議論は産業によって異なるのだろうか。

これまで異なる国々の雇用制度を「収斂」という観点から論じたのは，カー（Kerr, Clark）[1983] にせよドーア（Dore, Ronald）[1973] にせ

よ，何れも「国間比較」即ち各々本国の企業をその対象にしていた。例えば，ドーアであれば，日本の日立と英国のイングリッシュ・エレクトリックが調査対象である。しかし日本の日立と英国のイングリッシュ・エレクトリックは，労働市場で直接人材を獲り合うわけではない。「雇用制度間競争」が日本的雇用制度に影響をするのは，企業が同一産業，同一市場で競争しており，その結果同一の労働市場で人的資源を獲り合う場面に他ならない。なぜなら，企業は産業の規範（一般に「ベスト・プラクティス」と言う）に追随しなければベスト・タレントを獲得できないか，或いはその逆であるかは，産業によって異なるからである。本書の基本的な視点が**「日本的雇用制度の将来を，同一産業・同一市場における『雇用制度間競争』（人材獲得競争）を通じて明らかにする」**ことにあるのは，以上の意味においてである。

　第3点は調査対象とその方法であるが，本書では上記の枠組みに基づいて資本国籍間比較が可能な2つの産業を対象に，同一産業・同一市場における事例研究を実施した。一つは投資銀行を中心とした金融機関であり，今一つは自動車産業である。

　一体，なぜ金融機関と自動車なのか。この点は，第2章で詳細に述べるが「資本主義の多様性」理論に依拠している。自動車産業が，日本的雇用制度の「得意産業」なのに対して金融機関は「不得意産業」であり（山内[2013]），（須田，山内[2015]），これらの産業の変化の程度は雇用制度の変化を象徴的に表すだろう。日本的雇用制度が「得意産業」である自動車産業で雇用制度に変化が見られれば，それは産業全体の変化を促すであろうし，「不得意産業」である金融機関における変化が限定的ならば，日本的雇用制度の変化も限定的だろうからである。

本書の構成

　本書の構成は，以下の通りである。まず第1部は，本書の課題である日本的雇用制度について概観する。第1章では，これまでの研究に依拠しながら，ホワイトカラー・管理職層という観点から日本的雇用制度を検討し，その問題領域を設定する。第2章では，国際比較研究における資本国籍間比較の位置づけを確認する。

　第2部は，日本的雇用制度の「不得意産業」である金融機関および「得意産業」である自動車産業に関する資本国籍間比較である。

　第3章では，ロンドンにおける金融機関の資本国籍間比較を通じて「雇用制度間競争」における収斂と差異化，その結果としての日本的雇用制度の移転可能性について検討する。金融機関とは言っても現実には商業銀行，信託銀行，生命保険，証券会社等多岐に渡るが，ここでは「投資銀行」をその調査対象とした。前田［2000］にもあるが，投資銀行は雇用調整という点でも成果主義という点についても，最も「非日本的」なアングロ・アメリカン型の産業であると考えられるからである。ちなみに投資銀行とは，投資をされたい企業と機関投資家等投資をしたい企業とを仲介する資本市場の総合商社，具体的には証券会社の法人部門が企業として独立した業態を意味している。

　続く第4章は，第3章と全く同じ投資銀行を対象に，日本的雇用制度のアングロ・アメリカン雇用制度への収斂の有無を，今度は東京を対象に特に賃金制度に限定して検討する。投資銀行という同一産業における「雇用制度間競争」をロンドンと東京という異なる「同一市場」で検討する理由は，前者が「資本主義の多様性」理論で言う，LME（Liberal Market Economies）の市場であるのに対して，後者がCME（Coordinated Market Economies）の市場であることによる。

第5章は，投資銀行の資本国籍間比較から離れるが，ロンドンにおける日系金融機関の企業間比較を行う。一般に，日系企業の人的資源管理上の最大の問題は経営現地化の遅れ，即ち上級管理職ポストを日本人出向者が占有していることにあると言われるが，本章ではその理由を「売上高における日系案件比率」という観点から検討する。

　さらに第6章は，第4章と同様東京における資本国籍間比較であるが，調査対象となるのは主に日系の投資銀行である。この章では，日系投資銀行がアングロ・アメリカン型に収斂するか否かという点に関して，法人営業部門と個人営業部門との関係を軸に考察する。一般に日系投資銀行では，法人営業部門と個人営業部門が，同一企業を構成している。他方アングロ・アメリカン型では，両者は別企業であり，後者が「投資銀行」と呼ばれる。法人営業部門と個人営業部門とは報酬の形態に大きな差があるが，日本の証券会社（本書で言う「投資銀行」）においては，両者が職能資格制度で同一の基準で報酬が支払われる。従って，仮に日系投資銀行がアングロ・アメリカン化すれば，法人営業部門と個人営業部門との関係を見直さざるを得ないが，果たして現実はその様な方向に動いているのだろうか。

　ところで，第3章〜第6章で取り上げたのは日本的雇用制度では「不得意産業」とみなされる投資銀行であったが，第7章で取り上げるのは「得意産業」である。ここでは，日本が国際競争で強みを発揮してきた加工組立産業の代表である自動車産業の東京における資本国籍間比較を行うことによって，「不得意産業」である金融機関と，「得意産業」である自動車産業とでは，雇用制度間競争には如何なる相違点，共通点が存在するかを検討する。

　最後に，以上2つの産業の事例研究を踏まえて，日本的雇用制度の今後を展望する。この点に関しては，次の2つの可能性が考えられる。

(1)「得意産業」である自動車産業において，雇用制度の変化が確認される。その結果，将来的には「得意産業」における変化が「不得意産業」に波及して，日本的雇用制度に変化を促す可能性がある。
(2)「不得意産業」である金融機関（本書では，投資銀行）において，雇用制度の変化は確認されない。「不得意産業」ですら雇用制度の変化が確認されなければ，日本的雇用制度は総体として維持される。

終章では，事例研究の結果を踏まえ，果たして(1)，(2)のどちらがありうべきシナリオかを検討することにしたい。

なお本書の各章は，筆者の下記の論稿を下敷きにしているが，いずれも収録に際して大幅な改訂を施している。

第1章 「管理職への選抜・育成から見た日本的雇用制度」『日本労働研究雑誌』606号［2011］。「組織フィールドの変化と日本の雇用制度―『戦略人事論』，『外資が変える日本的経営』，『雇用システムの多様化と国際的収斂』を通じて」『三田商学研究』56巻2号［2013］。

第2章 「イギリスの投資銀行（2）」『JSHRM Insights』第27号［2004］，「人事制度の国際比較―多国籍企業内労働市場における収斂と差異化」『賃金・労務通信』第61巻3号［2008］，「投資銀行における人的資源管理の収斂と差異化―東京における日系投資銀行の欧米化？」『三田商学研究』55巻5号［2012］，「人事労務管理の国際比較―ホームカントリー効果か，ホスト国効果か」佐藤博樹・藤村博之・八代充史『新しい人事労務管理（第5版）』［2015］有斐閣，第10章。

第3章 「イギリスの投資銀行―日系企業と非日系企業における管理職

　　　　層」『日本労働研究雑誌』545 号［2005］。
第 4 章　「投資銀行における賃金制度の資本国籍間比較」『日本労働研究雑誌』560 号［2007］。
第 5 章　「ロンドンの日系金融機関における日本人出向者の役割」『三田商学研究』50 巻 6 号［2008］。
第 6 章　「投資銀行における人的資源管理の収斂と差異化―東京における日系投資銀行の欧米化？」『三田商学研究』55 巻 5 号（［2012］）。
第 7 章　「雇用制度の産業間比較―雇用制度の違いは存在するか？」『三田商学研究』58 巻 5 号［2015］。
終　章　「イギリスの投資銀行―日系企業と非日系企業における管理職層」『日本労働研究雑誌』545 号［2005］。

注

(1) 「終身雇用」と「長期雇用」の違いについては，第 1 章で論じる。
(2) 日本的経営の社会学的・文化人類学的な側面については，岩田［1977］および中根［1967］，また経済学的側面に関しては，小池［1977］，樋口［1996］，荒井［1997］，その歴史的展開については，八代（充）他編［2010］，同［2015］などを参照されたい。日本的経営の国際的普遍性については，石田［1985］，及び小池・猪木編［1987］，などを参照のこと。
(3) この点に関連して，日本的雇用制度の将来像を資本国籍を含めて雇用制度の多様化という側面から論じた数少ない本格的な研究として，山内［2013］及び Yamauchi［2016］が挙げられる。

第1部
日本的雇用制度とは何か

第1章
日本的雇用制度とその理論

1　日本的雇用制度とは

「終身雇用」，「長期雇用」の定義

　序章で述べた様に，本書はホワイトカラー・管理職層という観点から日本的雇用制度の将来像を，同一産業・同一市場における「雇用制度間競争」を通じて検討する。本章では，まず研究の対象である「日本的雇用制度」が如何なる問題領域を有するかを検討しよう。

　この点，日本的経営，日本的雇用制度研究の嚆矢をなしたのは，アベグレン（Abegglen, James C.［1958］）であり，彼は従業員が学校卒業後に入社した企業に定年まで勤めることを「終身雇用」（Lifetime Commitment）と呼び，日本に固有の慣行と規定した。

　しかし，厳密に言うとアベグレンの「終身雇用」モデルはいくつかの要素に分解できる。企業が新規学卒社員に定年まで雇用を保障しても，彼らが同一企業に勤め続けるか否かはまた別の話だからである。アベグレンの終身雇用は，単純化すれば「正社員の採用を新規学卒採用で行い，中途退職はなく，外部労働市場からの中途採用も一切行われない，企業は一旦採用された従業員を解雇することなく定年まで雇用する」というものであった。

　しかし，現実の労働市場では，従業員側は退職の自由を有しており，現に各種統計から明らかな様に新規学卒採用者の一定割合は転職し，その結果退職を補充するため，或いはその他の目的で中途採用が行われている。

　従って従業員の転職行動や新規学卒か中途採用かにかかわらず，企業が正規従業員として採用した社員に定年（近く）まで雇用を保障することを「長期雇用」と定義したい。

企業特殊的熟練とは

 ところで,そもそも企業は人件費を固定化し,雇用調整を困難にする危険性があるにもかかわらず,なぜ従業員を長期間雇用するのだろうか。
 この点を説明するために,従来労働経済学で定説となっているのが,「企業特殊的熟練」[1]である。熟練は,いかなる企業であっても等しくその価値が評価される「一般的熟練」(General Skills)と,特定の企業でしか評価されない「企業特殊的熟練」(Firm Specific Skills)とに大別される。企業特殊的熟練は,訓練を受けた当該企業でしか価値を持たないので,従業員は自らの負担で訓練を受ける誘因は乏しい。従って,こうした訓練投資は従業員の企業との「共同投資」となり,訓練費用を負担する従業員,企業共に長期勤続,長期雇用が経済合理的な行動となるのである。
 これまで述べたのが長期雇用の言わば経済合理的な側面であるとすれば,その法律的な側面に関しては,次の2つが挙げられる。第1は,労働基準法上の「期間に定めのない雇用契約」である。有期雇用は,契約期間満了に伴いそれを更新しないという「雇い止め」を行うことが可能である。これに対して,期間に定めのない雇用は,文字通り期間を定めないことによって「雇い止め」そのものが存在しない。このことが長期雇用に関する「心理的契約」[2]が存在する前提となるのである。
 第2は,「解雇権濫用法理」,具体的には整理解雇の四要件である[3]。労働基準法上は,企業は30日の予告期間を置けば従業員を解雇できる。しかし実際には,整理解雇に関しては,解雇回避努力を尽くしたかなど4つの要件を満たしていなければ,解雇は無効となる。もちろん判例法理は法律の条文ではないから,裁判のリスクを厭わなければ解雇そのものは可能である(神尾 [1999])。しかし,社会的体面を重んじる大企業にとって上記した判例法理は従業員の解雇を著しく制約するだろう。

以上述べた長期雇用は，言わば日本的雇用制度の「外枠」である。以下では，こうした外枠を前提として，日本的雇用制度が如何なる要素から構成されているかを検討しよう。

2　日本的雇用制度における新規学卒採用と年次管理

　先に日本的雇用制度の外枠は長期雇用であり，その経済学的説明は企業特殊的人的投資にあると述べたが，この点は新規学卒採用という採用管理とも密接に関係している。企業が新規学卒者を選好するのは，職業経験がないが故に入社後の人的投資に耐え得る「可塑性」（訓練可能性）を期待しているからである。こうした人的投資が重視される結果，企業のメンバーシップの付与は特定の職業を選択する「就職」ではなく，自らを育成する企業を選択する「就社」となるのが一般的である。

　これまで述べたことをまとめると①企業は従業員に定年（近く）までの長期雇用を保障する，②労働力の（主な）給源は新規学卒採用である，③その結果「就職」よりも「就社」が重視され，企業社会は「就社社会」（菅山［2011］）となる，ということである。

　その結果，新規学卒社員は職種や職務ではなく，同一年入社の社員の集団である「年次」によって管理される。従業員間の競争も，まずは「年次」がその母集団となるのである。

③ 日本的雇用制度における昇進管理

重層型キャリア―日本型トーナメント移動

　次に，こうした長期雇用の下での昇進・昇格管理について述べることにしよう。

　一般に，従業員は「係長→課長→部長」という形で昇進していく。従って，係長に昇進しなかった者が課長に，課長に昇進できなかった者が部長に昇進することはあり得ない。部長に昇進するためには，まず課長に昇進しなければならない。このことは，昇進選抜が「トーナメント」（ローゼンバウム（Rosenbaum, James E. [1984]）によって行われることを示している。即ち従業員の企業内キャリアは競争の連続であり，勝者はより高いレベルの競争に参加できるが，次回の勝利は保証されていない。逆に敗者は完全に競争から排除されるか，あるいは一段階低い競争にのみ参加することができる。

　こうした昇進選抜は，日本の場合，第一義的には「年次」即ち同一年度に入社した新規学卒者の間で行われる。今田・平田［1995］は，トーナメント移動の考え方に従って，新規学卒社員の年次に基づくホワイトカラーの昇進競争をキャリアの段階によって競争のやり方が異なる「重層型」キャリアであると規定した。

　第1は「一律年功」である。入社後数年間，同一年次の中で昇進・昇格の差は生じない。日本労働研究機構［1993］によれば，64.5％の企業が，こうした同一年次同時昇進を採用している。その理由としては，「従業員の能力評価を正確に行う」（73.4％）が最も多く，「従業員の意欲を高める」（58.4％），「従業員の能力開発を行う」（52.1％）がこれに続いている。

ここから，同一年次同時昇進の理由が①情報の非対称性に対応するため情報を収集する期間，②能力よりも高い賃金を支払うことで，従業員に訓練投資を行う期間，③従業員の多数派に昇進機会を与えることによって，モチベーションを高める期間，という3点にあることが明らかである。

　第2は「昇進スピード競争」である。先述した様に，組織構造の制約や昇進をインセンティブにするためには，選抜が行われることは不可避である。同一年次の中で最初に昇進・昇格する者を，その年次の第一選抜，第一選抜の年齢を（役職）初任年齢と言う。

　しかし，この時期は，「昇進できるかできないか」ではなく，あくまで「昇進スピード」の競争である。実際，今田・平田［1995］が，大手企業のホワイトカラー経歴データを詳細に検討した結果，昇進が遅い者もフロント・ランナーから何年かは遅れるものの昇進機会が断たれるわけではなく，大きく引き離されないでついていくという「踊り場」が存在する。

　また，この時期の特徴は，昇進選抜に関する様々な入れ替え戦が行われることにある。花田［1987］によれば，ある企業では第一選抜年次で昇格するのは年次の中の2割程度であるが，選抜に漏れた者が次は第一選抜で昇格するという「敗者復活」や，その逆の現象も見られる。他方敗者復活は行わず，「敗者の弁別」に重点を置いた選抜を行う企業も存在するのである。

　他方，上原［2007］は，大手銀行の従業員データに基づいてその昇進構造を詳細に検討し，職務配置や配置転換が昇進選抜に密接に関係していることを明らかにしている。

　第3は，「トーナメント型競争」，即ち「昇進できるかできないか」の競争である。課長以降の昇進競争は，「踊り場」が存在する課長昇進までの競争とは異なって，競争の勝者のみが上位の競争に参加できるというトーナメント形式で行われる。その結果，昇進・昇格機会を断たれ，同一役

職・資格に滞留する者が増大するのである。

　それではこれまで述べた重層型キャリア仮説とローゼンバウムのトーナメント移動仮説は，どの様な関係にあるのだろうか。重層型キャリア仮説は，昇進選抜の方式はキャリア段階によって異なり，トーナメントが行われるのはその最終段階であると考える。しかし，繰り返し述べた様に，ピラミッド型の組織構造の下で，従業員が「係長→課長→部長」という形で昇進していくとすれば，選抜の基本はやはりトーナメント型競争である。従って，重層型キャリアにおいては，一律年功や昇進スピード競争という形で「トーナメントの第1回戦を意識的に長めに設定している」と考えれば，両者の考え方を融合できるだろう。

　次に，昇進選抜を日米独で比較した日本労働研究機構［1998］を検討しよう。この調査は新規学卒で入社した同一年次の大卒社員の昇進分布を尋ねており，**図表1-1**のAは第一選抜の時期を，Bは上位役職への昇進機会が断たれた者が同一年次の中で5割に達する時期を，各々示している。まず，第1に選抜が行われる時期については，日本が入社後7.9年であるのに対して，アメリカは入社後3.4年，ドイツは入社後3.7年と明らかに日本よりも選抜時期は早い。同一年次中で上位役職への昇進機会がなくな

図表1-1 ▶ 同一年次大卒社員の昇進の分化

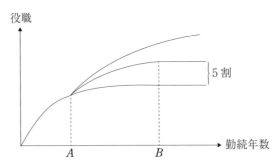

資料出所：日本労働研究機構［1998］，p.276。

る者が過半数に達する時期についても，日本が22.3年なのに対して，アメリカは9.1年，ドイツ11.5年と，米独は日本よりも早期にキャリアが分化しているのである。

　ところで，同一年次同時昇進は世界標準たり得るのだろうか。同一年次同時昇進が人材を育成し，従業員のモチベーションに寄与するものであれば，それは正しく国境を越えた普遍性のあるベスト・プラクティスということになる。しかし，日系企業が同一年次同時昇進を行う結果，海外で上級人材の獲得に失敗していることは，既に1980年代より石田英夫によって指摘されている（石田［1985］）。このことは，同一年次同時昇進が決してベスト・プラクティスではなく，あくまで新規学卒採用やその結果としての長期雇用のなせる業であることの証左であろう。

4　日本的雇用制度における職能資格制度

同一年次同時昇進と職能資格制度

　同一年次内の昇進格差に関しては，人事制度上は次の3点が重要である（八代（充）［1995］）。

　第1点は，役職と資格の分離と，それに伴う「役職昇進」と「資格昇格」の分離である。資格制度とは，「職制とは別に，企業内における序列や処遇を明確にするために設けられている制度」[4]である。役職と資格の分離によって，役職に「昇進」できなくても資格上で「昇格」することが可能になった。「管理職」というものが，実際はライン管理職，スタッフ管理職，部下なし管理職，等の多様な「管理職層」となるのはこのためである。こうした資格制度を職務遂行能力に基づいて運用することを職能

図表1-2 ▶ 役職と資格の対応関係

A 型	B 型	C 型	D 型
資格　役職	資格　役職	資格　役職	資格　役職
1 ── A	1 ┬ A	1 ╳ A	1 ── A
2 ── B	2 ┼ B	2 ╳ B	2 ── B
3 ── C	3 ┼ C	3 ╳ C	3 ── C
4 ── D	4 ┼ D	4 ╳ D	4 ── D
5 ── E	5 ┴ E	5 ╳ E	5 ── E
6　　非	6　　非	6　　非	6　　非
7　　管	7　　管	7　　管	7　　管
8　　理	8　　理	8　　理	8　　理
9　　職	9　　職	9　　職	9　　職
10	10	10	10

資料出所：労務行政研究所［1997］, p.16。

資格制度と言う（八代（充）［2002］）。

　第2点は，最低滞留年数である。職能資格制度においては，各々の資格に最低滞留年数が定められており，人事考課の如何にかかわらず決められた年数は在籍しなければならない。こうした滞留年数は，同一年次内昇進格差の拡大を抑制するだろう。

　第3に役職と資格との関係は，「昇格先行，昇進追随」（八代（充）［2002］）であるのが一般的であるが両者が1対1の対応関係にあるもの，複数の役職と資格が1対1の対応関係にあるもの，両者が緩やかに対応しているものなど，幾つかのタイプに分けられる。両者が分離している場合，その対応としては，主な対応から「下」の役職には弾力的な類型，或いは主な対応から上下一つは弾力的な類型が多くなっている（**図表1-2**参照）。資格昇格が年次に従って行われることを前提とすれば，役職と資格の対応関係は，役職昇進においても年次の影響が排除できないことを示している。

人基準と仕事基準

　職能資格制度の特徴は，職務等級が「仕事基準」であるのに対して「人基準」であるという点にある。仕事基準の職務等級では，賃金は職務価値で決定され，また上位等級への昇級は空席の有無が大前提である。他方職能資格制度の場合，従業員は役職（＝職務）によって階層化されるのと同時に人基準の職能資格によっても階層化されおり，上位の役職に空席がなくても，「上位役職を遂行できる能力」があると認定されれば昇格が可能である。また賃金も，役職という「仕事基準」ではなく，職能資格という「人基準」で決められる。即ち職務等級では，「等級＝職務＝賃金」であるのに対して，「資格≠役職≠賃金」であるから，「役職昇進する人，役職昇進はしないが資格昇格する人，役職昇進も資格昇格も困難だが，同一資格内で昇給はする人」など様々なパターンがあり，企業としては昇進・昇格を裁量的に行える点がメリットである。また仕事と賃金が切り離されているので，部門を越えた配置転換が可能である。反面，同一資格であれば役割の違いに関係なく同一賃金であることが不公平感をもたらしかねないという点が問題である[5]。日本生産性本部［2016］によれば，職能給を導入している企業の比率は管理職層で66.9％，非管理職層で82.7％となっている。

5　日本的雇用制度における人事部門の機能

経営が人事を決めるのか，人事が経営を決めるのか

　こうした昇進選抜において，人事部門はどの様な役割を果たしているの

だろうか⁽⁶⁾。

　一般に，企業の人事部門の役割として，人事制度の企画立案，労働組合との交渉，人員計画の作成といった点が挙げられるが，その他に個別人事に関する調整（一般に「人事権」と呼ばれる）が重要である。長期雇用と年次管理を基調とする日本企業では，人事異動を巡る権限人事部門に集中せざるを得ない。その理由としては，以下2点が挙げられる。

　まず第1に，先に述べた長期雇用を前提とすれば，企業内労働市場における労働需給の調整は，職能や部門ではなく全社（本社）で行わなければならない。もしも職能や部門が需給調整の単位であれば，言葉を換えれば職能や部門に人事権が存在すれば，そこで余剰となった従業員は解雇という形で外部労働市場に放出されざるを得ないからである。

　職能や部門ではなく人事権が本社に存在する第2の理由は，3で述べた年次管理である。同一年次内における緩やかな昇進格差の拡大は，本社の人事権の存在によってはじめて可能になる。各々の職能や部門は，自職能・自部門の従業員に関する情報しか有しないので，年次全体の情報に基づいて昇進・昇格が行えるのは人事部門だけであると言えるだろう。

　この点日本労働研究機構［1998］を見ると，課長レベルへの昇進で最も影響力を持つ主体は，日本ではライン管理職（「当該部門の長」＋「直属上司」）が57.4％で最も多く，「人事・教育部門」が29.7％でこれに続いている。他方，部長昇進に関してはライン管理職が27.8％，「人事・教育部門」に至っては7.4％に過ぎない。即ち，部長レベルの昇進を決定するのは，「役員会等」（61.5％）なのである。

　ただしこの点は，上級管理職の昇進に人事部門が関与しないことを必ずしも意味しない。長期雇用とその帰結である企業内昇進の下では経営者や上級管理職もかつては一般従業員であり，トーナメント移動で上位役職に昇進していく。そしてこうしたトーナメント移動のゲートキーパーが人事

部門であるとすれば，確かに制度上「経営が人事を決定している」とは言うものの，実際は「人事が経営（の候補者）を決定している」と言うことができるだろう。

6 変化の兆し？──これからの日本的雇用制度

日本的雇用制度はどうなるか？

　以上ホワイトカラー・管理職層を念頭に置いて，日本的雇用制度について論じてきた。これまでの議論に従えば，日本的雇用制度の根幹は長期雇用を外枠とする新規学卒採用と年次管理である。長期雇用の第1の側面は，企業特殊的人的投資という経済合理性であり，また第2の側面は，解雇権濫用法理という判例法理である。そして日本の労働市場では，長期雇用の結果，労働力の給源は新規学卒採用が中心である。

　人的資源管理システムの相互依存性という観点からすると，新規学卒採用や年次管理が存在する限り，幹部候補生の早期選抜や専門職のキャリアパスを構築するのは困難である。新規学卒採用とは，特定の職務や特定の能力ではなく，あくまで可塑性（potentiality）を重視している。従って人事部門が彼らを「一括採用」することは規模の経済性に適っており，採用後の昇進・昇格も人事部門によって年次に従って「一括管理」される。こうした年次管理が判例法理と一体となり，昇進格差の拡大を許容し難くしていることは，既に述べた通りである。

　ただし，長期雇用のサブシステムである①新規学卒採用，年次管理，②解雇権濫用法理のうち，①は企業によって統御可能である。今後企業が新規学卒採用の枠を縮小し，従来以上に中途採用が増大すれば，次第に年

次管理も薄れていくだろう。

日本的用制度と組織フィールド

　それでは，従来型の日本的雇用制度を継続するか，或いは雇用制度の変革に取り組むか，こうした企業の選択を規定する要因とは何か。

　この点，組織社会学では「組織フィールド」と言われている理論があり，企業経営は当該地域で規範となる方式に同型化を促す圧力に晒されていると考える。日本市場で日本の企業同士が競争しているという組織フィールドにおいては，これまで本書で述べた日本的雇用制度が当然ながら同型化の対象となる。例えば長期雇用，新規学卒採用が規範である地域では，中途採用で人材を調達しようとしても，そもそも良い人材が外部労働市場では見出し得ない。従ってこうした企業も結局のところ新規学卒者を採用せざるを得ず，その結果益々長期雇用が雇用制度の規範となるだろう。

　しかし，日本市場に非日系企業が進出し，国際的には非日系の経営がスタンダードである場合は，話は別である。この場合組織フィールドは「日本」という地域ではなく，むしろ「産業」となるだろう。例えば投資銀行業界では，日本であれニューヨークであれ，アングロ・アメリカン型がスタンダードで，日本の投資銀行は地域に関係なくアングロ・アメリカン型を模倣し，同型化していくというように。仮にこうした産業の組織フィールドでは中途採用や引き抜き，幹部候補生の早期選抜や専門職的キャリアがスタンダードであれば日系企業も雇用制度を変革せざるを得ない。具体的には同業他社の賃金の精査，幹部候補生の早期選抜と本人への告知，何らかの金銭的裏づけといったことを行わなければ，みすみす貴重な人的資源を失うことになるからである。こうした非日系企業との人材獲得競争は，日本的雇用制度を変質させる大きな契機となるだろう。

制度経済学と制度社会学

　以下では，須田 [2010] に依拠しながら，組織フィールドを含めた制度経済学，制度社会学の理論を検討しよう。

　まず人的資源管理の理論は，大きく2つの潮流に分けられる。即ちすべての企業に対して適応できる効果的マネジメントを追究するベストプラクティス・アプローチと，効果的なマネジメントは組織内外の状況によって異なるとするベストフィット・アプローチである。

　前者のベストプラクティス・アプローチは，国境を越えて普遍性を有するベスト・プラクティスが存在するという立場と，ベストプラクティスは国によって異なるとする立場の2つに分かれる。著者によれば，後者の背景にあるのが制度理論なのである。

　さて，制度理論は制度経済学と制度社会学に分かれる。制度経済学は，社会制度を構成する個別制度間の補完性が成立することで，制度全体から得る効果が増大するため，誰も制度を変えようとしなくなり，結果制度は安定すると考える。人材マネジメントに即して考えると，日本型人材マネジメントはコーポレートガバナンスや労働組合構造と補完性があるため，安定する。そして日本とアメリカは，全体として経済制度が異なっているので，日本型とアメリカ型の人材マネジメントは，異なったまま安定することになる。

　これに対して制度社会学では，制度とは「ある社会における認識の基盤であり，社会の構成員の考え方や行動に影響を与えるもの」であり，制度経済学に比べ習慣・文化といった非公式的なものを重視する傾向にある。制度社会学では，市場競争や技術革新を技術環境，社会に普及している規範を制度環境と呼び，企業はこの両方に適合することで経済的利益を得ると考える。

制度社会学の研究者であるディマジオ＝パウエル（DiMaggio, P. J. and Walter W. Powell［1983］）は特定の制度が普及するメカニズムとして「制度的同形化」という点を挙げている。一言で言えば，社会で規範となる制度に適合することで正当性を獲得できると考えるのが，制度的同形化である。彼らは，さらに，制度化の範囲が「組織フィールド」(7)によって規定されると考える。「組織フィールド」とは，同じ制度環境を共有する企業の集合体である。ある時は産業セクターが組織フィールドであり，ある時は産業内の業態が組織フィールドかもしれない。この様に，分析者が幅広く対象を設定できることが組織フィールドという概念の特徴である。

　制度経済学に従えば，雇用制度を構成する要素間に補完性が存在する限り，雇用制度は変わらない。例えば，年功賃金を成果主義に変えたとして，それが機能する前提は「差をつける管理」である。しかし，長期雇用の中で「差をつける管理」そのものが難しければ，成果主義が機能するのは難しい。或いはコスト削減のために成果主義を導入したとしても，年功賃金に内包されている動機づけの機能が損なわれてしまえば，元も子もないだろう。他方制度社会学は，企業が年功賃金か成果主義のどちらを選択するかは，社会を構成する成員の規範意識に依存すると考える。年齢や勤続に従って従業員の賃金を引き上げ，彼らの生活に配慮するのが当然であるという規範意識が強ければ，企業が人事制度改革を行うことは容易ではないだろう。

　上記の議論は，組織フィールドが日本の市場であり，そこに存在する日本国籍の企業を前提にしていた。日本市場で日本企業同士が競争している制度環境では，規範意識が共有され，どこの企業の雇用制度も大きく異なることはないからである。

　こうした枠組みを前提にして，日本的雇用制度が「不変」でなくなるのは一体どういう状況下においてだろうか。それは，ある組織フィールドに

属していた企業が，立ち位置を別の組織フィールドに変更する時である。

それでは，企業はどの様な場合に組織フィールドを移動するだろうか。以下では，この点に関する近年の2つの著作を検討したい。第1の著作は，外資系企業の買収による組織フィールド変更を，第2の著作は外資系企業との人材獲得競争による組織フィールド変更を，各々雇用制度の変化（の可能性）の重要な要因としているのである。

企業買収と組織フィールド

まずは，オルコット（Olcott, George [2009]）である。オルコットは欧州の資産運用会社に勤務して長銀投資顧問を買収した際に，組織は国のアイデンティティである社会規範と価値観に深く根ざしている等組織の文化論の主張を再確認し，外国企業に買収された日本企業について，以下の4点を研究の問題意識として挙げている。

(1) 外国企業に吸収合併された時に，日本の企業はどの様に変化するのか。
(2) 吸収合併のケースごとにその変化の差異をもたらす要因は何であるのか。
(3) その変化をもたらすのに，外国人がどの様な影響を与えているのか。
(4) 日本企業に生じている事実の調査によって，日本企業の組織変化のプロセスから何を学習することができるのか。

こうした問題意識に従って，オルコットは先述した制度理論を分析枠組みに採用する。しかし，既存の制度や慣行が新しい制度や慣行に置き換えられる「脱制度化」についての実証研究がほとんどないことが制度理論の

「空白」である。この場合,「脱制度化」とは,日本企業が自らの組織フィールドから買収企業が所属している組織フィールドに移動することを意味している。著者は本書の目的として,外国企業によって買収された後に,日本企業の伝統的な諸制度が「脱制度化」のプロセスを辿ることになるのかを明らかにし,多国籍企業の本社と子会社の関係の「制度的距離」に関する議論に貢献することを挙げている。

　本書の調査対象企業であるが,被買収企業は日産自動車,新生銀行,中外製薬など5社,さらに比較対象として各々の企業と同一産業に属する純日本企業4社,合計9社である。これら企業を対象に,定性的データとして経営者や人事部,従業員にインタビューを行うと共に,従業員に対して質問紙調査(翻訳では「定量的インタビューデータ」)が行われた。調査内容は,採用と研修から,終身雇用とキャリア・パターン,報酬システム,女性活用,そして組織と意思決定のプロセスである。本書を通じて著者が最も重視するのは,日本の企業システムが「従業員主権」―「内部優先」として制度化されているということである。

　それでは,被買収企業では,果たして著者の問題意識である「脱制度化」が生じていたのだろうか。この点,著者は調査対象企業の変化を説明するためにオリバーの「脱制度化の前兆となる経験的指標」を採用して権限関係の変化,機能的必要性の変化,社会的合意の変化,という3つの観点から調査対象企業の「定量的インタビューデータ」を考察した。その結果,経験的指標が最も強いのは新生銀行であり,ついで日産自動車,最も弱いのが中外製薬であった。この点は中外製薬以外の被買収企業のCEOが社外から送り込まれており,うち3社では外国人,さらに2社では人事部長も外国人であることと整合的である。このことは,組織内で何が正当な行動かという認識を変革するに充分であろう。

　しかし全体として過去20年間のメディアの論調にかかわらず,マーケ

ットシェアよりは利益率が重視されるようになったものの，CEOと取締役の内部昇進には変化が見られず，その結果，経営者は株主の代理人というよりはステークホルダー間の利害の調整をその任としている。従って，従業員資本主義から株主資本主義への「脱制度化」は日本では観察されなかったというのが，本書を通じた著者の結論である。

多国籍企業の進出と組織フィールド

続いて，山内 ［2013］ は，雇用システムの変化の方向性や多様性のプロセスを解明するために日本の大手金融機関と日系金融機関と人材獲得競争を共有する大手外資系金融機関を複数の業態で直接比較している。

雇用制度の多様性を規定する要因についての先行研究として，著者がまず重視するのは「資本主義の多様性（Varieties of Capitalism）」理論である。ホール＝ソスキス編（Hall, Peter A. and David W. Soskice（eds.）［2001］）はアメリカとドイツの特許の集中度を用いて，先進諸国の資本主義を「自由な市場経済（Liberal Market Economies，以下LME）」と「調整された市場経済（Coordinated Market Economies，以下CME）」とに分類し，資本主義類型ごとに「得意産業」，「不得意産業」（山内 ［2013］）が存在することを明らかにした。

前者では，労働市場の雇用保障が低いために，従業員は企業特殊的技能よりも一般的技能の習得を自己責任で行う。他方後者では，企業特殊的技能の形成を促進する労使関係によって，グループ内コーディネーションを必要とする生産システム構築に優位性がある。ホール＝ソスキスは，LMEの典型例としてアメリカを取り上げ，代表する産業としてIT，バイオを挙げている。他方，ドイツと共にCMEに属する日本企業が優位性を持つ産業として，消費財，機械類，エレクトロニクスが挙げられている。

これまで述べた「資本主義の多様性」理論が，公式な制度変更を対象にしていたのに対して，より小規模な次元の変化を説明するのが，組織社会学の概念である組織フィールドである。組織フィールドとは，マクロの社会全体と個別組織の中間に位置づけられる。ディマジオ＝パウエルに従えば，共通する組織フィールドに属する企業は，同型化する傾向にある。例えば，ある雇用制度が一度社会に普及すると，追随する企業はそれを経済合理性の観点よりも社会的正当性を獲得することが目的になるというのが，組織フィールド理論による説明である。しかし，一度組織フィールド内で形成された慣習が正当性を失い，「脱制度化」のプロセスを内包しているのも，この理論の特徴である。

 上記の先行研究の検討を踏まえて，雇用システムの変化や多様性を分析する視点として，①資本国籍要因，②業種要因，③個別企業要因の3点を挙げている。①は，多国籍企業が海外進出に伴い本国の人事制度を持ち込むこと，②は各国の制度的特徴が比較優位と比較劣位を生み，業種ごとに日本型雇用制度を維持する動機が異なること，そして，③は個別企業の戦略の違いが雇用システムの違いをもたらすことを，各々意味している。

 それでは日本企業とは組織フィールドを共有しない外資系企業が日本に進出し，それがCMEにおいて不得意産業である場合は，どの様な帰結を生むだろうか。以下では，この点について実証研究の結果を検討しよう。まず，日系と非日系の金融機関を対象に事例研究が行われた。対象は銀行7社，証券会社4社，生命保険会社6社，計17社である。その結果，入職と退職，人事部の役割といった点で資本国籍要因による差が明らかになった。つまり，進出国側からすれば本国の制度を最大限持ち込もうとしており，不得意産業である金融業では，日本的雇用制度を導入しなくても不都合は生じていないことを意味している。

 次いで上記対象企業を含む証券会社5社を対象に，リーマンショック後

の雇用システムの変化を考察している。調査の結果，非日系が本国の制度を持ち込もうとしているのに対して，日系は新卒採用を労働力の給源とすることなど，引き続き資本国籍による差異が存在する。半面日系3社の中では経営戦略や組織構造の違いを反映した多様性も拡大しており，日系・非日系間の差異が以前ほど明確でなくなっている。

さらに本書では金融業における事例調査の結果を他産業で確認するために，日系は東証一部，二部，マザーズ等から1,000人以上規模企業942社，非日系では外資51％以上で，従業員数100人以上規模企業573社を対象に，郵送質問紙調査が実施された（回収率は10.2％）。調査の結果は，多くの項目で事例調査の結果を追認しており，入職に関しては日系と非日系で際立った差異が見られる半面，退職は資本国籍要因，業種要因両方による差異が確認された。そこで個別退職勧奨の実施に関して，医薬・化学，電気・機械に関して業種をコントロールした上で資本国籍別の差異を見ると，何れの業種においても日系よりも非日系において個別に退職勧奨する割合が高いことが明らかになった。

山内は結論として，公式な変化ではない下からの変化が制度変化を促進していることを挙げている。さらに組織フィールドが日系か非日系かで雇用システムが異なっていたが，日系企業と非日系企業との人材獲得競争の結果，組織フィールドの境界線は個別企業の経営戦略等によって複雑に細分化されたものに再編成されつつあり，不得意産業である金融業における雇用システムのアングロサクソン型への収斂の可能性が言及されている。また，事例調査や郵送質問紙調査の結果に基づいて，制度圧力や競争圧力の違いが雇用制度の多様化に影響することを明らかにしたことは本書の重要な貢献である。

以上，本章では本書が取り上げる「日本的雇用制度」に関する問題領域

と，その今後の展望に関する理論的枠組みについて展望した。第2章では，「同一産業・同一市場における雇用制度間競争」という本書の枠組みの前提として，国際比較研究について検討したい。

注

(1) 「企業特殊的熟練」について詳細は，樋口［1996］，第6章を参照されたい。もっともこの仮説の弱点は，「企業特殊性」の内実が明らかではないこと，「特殊的熟練」が遅れたものと見なされがちなことである。この点，前者に関しては，小池［1977］の企業内職務経験の違いを企業特殊性の代理指標とする「キャリアの特殊性」という説得的な説明があり，また後者に関してはフェファー（Pfeffer, Jeffrey［1998］）が差異化された人材の育成が競争優位の源泉であるという議論を展開している。「差異化された人材＝企業特殊的熟練」と考えれば，企業特殊的熟練は「遅れ」を意味しているわけではなく，むしろ欠くべからざるものであると言えるだろう。

(2) 「心理的契約」とは，書面に明文化された契約とは異なり，企業と従業員の信頼関係に基づく「暗黙の契約」である。心理的契約については，例えば服部［2013］を参照されたい。

(3) 整理解雇の四要件とは，（1）人員整理の必要性，（2）解雇回避努力義務の履行，（3）被解雇者選定の合理性，（4）手続の妥当性，である。雇用保障と労働法に関しては，荒木［2013］を参照されたい。

(4) 「高齢化と人事管理に関する調査票」高年齢者雇用開発協会［1984］，p.3。

(5) 職能資格制度について詳細は，日経連オーラルヒストリー研究会［2011］，日経連職務分析センター編［1980］を参照されたい。

(6) 日本的雇用制度の変化を，本社人事部とライン管理職の「管轄争い」という観点から論じたものとして，一守［2016］がある。

(7) 組織フィールドについては，平野［2006］，馬越・桑名編［2010］，などを参照されたい。

第2章
本研究の枠組み

1 人的資源管理と国際比較

国際比較研究の4つのタイプ

　この章では「同一産業・同一市場」で競争している，異なる資本国籍の企業の「雇用制度間競争」という本書の課題を明らかにする前に，まず研究の枠組みについて述べることにしよう。

　これまで人的資源管理の領域で行われた国際比較研究は，そのほとんどが地域間の比較研究だった。こうした地域間比較研究は，次の3つに分類できる。

　第1は，地域間で異なる資本国籍の企業を比較すること，例えば「アメリカのアメリカ企業（GM）」と「日本の日本企業（トヨタ）」とを比較することである。こうした研究の代表は，ドーア（Dore, Ronald［1973］）であり，市場志向型の英国から組織志向型の日本への収斂の可能性が指摘されている。

　ホワイトカラー・管理職層に関する近年の比較研究成果として，スチュワート（Stewart et al.［1994］），ストレイ＝エドワーズ＝シッソン（Storey John, Edwards, Paul K. and Keith Sisson［1997］），八代（充）［1998］，小池・猪木編［2002］，須田［2004］などがある。近年の代表的な研究としては，ジャコービィ（Jacoby, Sanford M.［2005］），カッツ＝ダービシャー（Katz, Harry C. and Owen Darbishire［2000］）がある。ジャコービィは，日米大企業を人事部門の機能を中心に比較した。その結果，日本企業はゆるやかに市場志向と組織志向の連続線を市場志向を極とする方向へ移動しつつある。このことは，日常的意思決定が本社人事部からライン管理職へ移行することを意味している。

同様な変化はアメリカでも生じているが,日本との違いは,アメリカはより市場志向的な位置から変化が開始され,しかも日本よりも変化が広範なことである。従って,連続線上において日米のギャップは逆に拡大していると言う。以下では,こうした国際比較を「国間比較」と呼ぶことにしたい。

 第2は同一多国籍企業の中で,本社と進出先の現地法人とを比較すること,具体的には日本本社と現地法人の相違点・共通点を,本社から現地への人的資源管理の移転度合いの代理指標とする研究である。ホワイトカラー,管理職層を対象にした代表的な研究としては,一般に「日本的経営」と呼ばれるもののどの部分が海外に移転可能かという点を詳細に検討した石田［1985］がある。

 さらに第3は,同一多国籍企業を異なる進出先間で比較すること,例えば,同一多国籍企業でドイツに進出した現地法人,イギリスに進出した現地法人を比較し,異なる環境が経営パフォーマンスにどの様な影響を与えているかを検討することである。こうした研究の代表的なものとして,酒向（Sako, Mari［1994］）がある。

 これまで述べた3つの国際比較研究は何れも重要であるが,残念ながら同一産業・同一市場で競争している異なる資本国籍の企業間の「雇用制度間競争」については分からない。例えばロンドンであれ東京であれ,そこでは無数の企業が競争しているが,こうした企業は単に生産物市場で競争しているのみならず,労働市場でも人材獲得競争を展開している。その場合,当該産業が日本にとって得意産業であるか不得意産業であるか,或いは市場が日本か日本以外かという点は,日本的雇用制度の存続可能性に大きく影響するだろう。

 この点,白木［1995］は,インドネシアの地場企業,欧米系企業,日系企業,NIES系企業に郵送質問紙調査を行った。その結果,欧米系企業は

大卒者の採用やキャリアパスの提示に積極的であり，他方内部育成や内部昇進，フレキシビリティ保持は，日系企業の特徴であることが明らかになった。白木の研究は，アセアンという同一地域において資本国籍間で人的資源管理に生じる相違点を明らかにした価値あるものであるが，他方調査対象産業がコントロールされていないこと，資本国籍間比較の枠組みが明示的に示されているとは言えないことが問題である[1]。

それでは同一地域，同一産業で競争している異なる資本国籍の企業の人的資源管理は，どの様な枠組みで比較できるだろうか。この点については，シェーラー＝メーシー（Sherer Peter D. and Robert S. Macy［2003］）の次の2つの仮説が考えられる。

まず第1の仮説は，同一産業，同一市場の企業間競争によって，人的資源管理が一定の方向に「収斂」するというものである。かつて収斂・非収斂を規定する要因と考えられたのは，「技術」であった。例えば日本の雇用制度と欧米のそれとの違いは，日本の「後進性」とされ，技術発展が未成熟である点にその理由が求められた。しかし，雇用制度の方向性を決定するのは技術だけではなく，市場競争の有り様が重要である。なぜなら，市場経済の下，製品市場で競争している企業は労働市場でも「人材獲得競争」をしている。従って一度ある雇用制度がその産業で規範となれば，他の企業もその制度を追随して導入しなければ，良い人材を調達し，彼らを定着させることは難しい。丁度VTR市場においてベータがVHSに覇権を奪われたのと同様，雇用制度にも「ベスト・プラクティス」が存在するのである。

これまで，国際比較研究では，理念化された「日本的経営」と諸外国の雇用制度が比較されてきた。例えば「終身雇用 vs 流動的労働市場」，「年功賃金 vs 能力主義 or 成果主義」といったものであるが，こうした議論は競争が国内で行われていることがその前提である。しかし市場経済がグロ

ーバル化して，競争の垣根がなくなると，雇用制度は各々の産業におけるベスト・プラクティスに収斂する。この考え方に従えば，グローバル競争の帰結は，一国の中で主要な産業ごとに異なる雇用制度が展開することである。

他方同一産業，同一市場内の競争によっても，異なる資本国籍の企業の人的資源管理は「異なったまま」であり続けるというのが，第2の仮説である。企業が市場競争を勝ち抜くためには他社と「差異化」され得るもの，すなわち他社にはない強みを持たなければいけない。こうした「差異化」要因としては，①プロダクトによる差異化，②顧客による差異化，③人的資源・組織による差異化，の3点が重要である（八代（充）[2005]）。さらに第4点として，こうした差異化戦略とは別に本章の冒頭で述べた，「日本的経営」，「アメリカ的経営」といった本国の雇用制度の移転による差異化も当然存在するだろう。

図表2-1 ▶ 同一産業・同一地域で競争している企業の資本国籍間比較

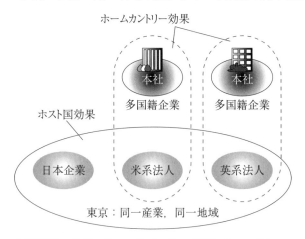

資料出所：佐藤・藤村・八代（充）[2015]，p.277。

以上明らかな様に，以下本書で検討すべき課題は，同一産業・同一市場で競争している異なる資本国籍の企業の人的資源管理は，どこまでが同じ方向に収斂し，またどこまでが，企業の差異化戦略や本国企業からの雇用制度移転の結果「差異化」されたものとして残るか，それを通じて日本的雇用制度が日本の国内外で今後存続するかどうかを明らかにすることである。

　次にこの点に関連して，「ホームカントリー効果」，「インダストリー効果」，「マーケット効果」について説明しよう（**図表2－1** 参照）。

ホームカントリー効果，インダストリー効果，マーケット効果

　ホームカントリー効果とは，多国籍企業が，本国の人的資源管理を進出先に持ち込もうとすることである。その理由は，1つは企業が自ら慣れ親しんだ制度を海外に展開しようとすることに他ならない。1980年代には日本的経営の海外移転が図られたが（オーウチ（Ouchi, William G.）[1981]），この点は日本企業に留まらず，普遍的な傾向であると考えられる。

　ホームカントリー効果が存在する第2の理由は，規模の経済性である。企業からすれば，進出先地域が拡大する程，各々の地域に合わせて人的資源管理を多様化するより，一種のテンプレイトを構築する方が効率的である。こうしたホームカントリー効果は，各々の資本国籍に固有の人的資源管理が存在するとすれば，進出先地域の人的資源管理に「差異化」を生じさせるだろう。

　次は，**インダストリー効果**である。第1章で述べた「資本主義の多様性」理論に従えば，先進資本主義国家はLME，CMEという2つの体制

に分かれるが，すべての産業がその体制に適合している訳ではない。その結果，各々の体制中にそれによって利益を得られる産業と，逆に不利益を被る産業が包含されることになる。不利益を被る産業の雇用制度が国際競争に晒されない段階では，一国の雇用制度に差異は生じない（「日本の雇用制度」＝「日本的雇用制度」）。しかし経済のグローバル化の結果，国境を越える競争が促進すると一国の中に複数の資本主義が生起し，雇用制度が多様化する（山内［2013］）。その結果，一旦ある雇用制度がその産業で規範となれば，他の企業もその制度を追随して導入しなければ，良い人材を調達し彼らを定着させるのは難しい。以下では，雇用制度が当該産業におけるベスト・プラクティスに収斂することを，インダストリー効果と呼ぶことにしたい。

　しかし，それではこうした資本の論理によって一国の雇用制度が産業ごとに分断されるかというと，必ずしもそうではない。各国には，行政や法律，税や社会保障，教育制度などの制度的要因が存在する。実際，解雇法制や判例法理は日本と諸外国では大きく異なっており，進出先地域にはこうした制度的要因を前提に，固有の人的資源管理が形成される。そして，「郷に入れば郷に従え」という言葉が端的に示す様に，進出先で比較優位を有するのは一般的には進出先地域の雇用制度であり，産業におけるベスト・プラクティスと共に，進出先の雇用制度も，企業が人的資源管理を選択する際の重要な準拠対象である。これを**マーケット効果**と呼ぶことにしよう。

　以上のことから，同一産業・同一地域で競争している人的資源管理の資本国籍間比較の目的は，「雇用制度間競争」がホームカントリー効果，インダストリー効果，マーケット効果の何れによって規定されているかを見極めることに他ならないのである。

以下では，これまで述べたことを第1章で述べたディマジオ＝パウエルの同型化の理論に基づいて整理しよう。

　同型化とは同一の環境に存在している他の組織（これを組織フィールドと言う）に支配的な制度を取り入れることを言う。企業が組織フィールドに適合するモチベーションは，先述した様に，さもなければ労働市場における人材獲得競争に生き残れないということである。問題は，本書の対象である「同一産業，同一地域で競争している異なる資本国籍の企業」においては，人的資源管理の組織フィールドが「同一産業」であるのか，「進出先」なのか，或いは「日系，米系といった資本国籍」であるのか，ということである。

　この点の有する含意は，極めて重要である。もし資本国籍が組織フィールドであれば，進出先地域への外資系の参入は，資本国籍ごとに異なる雇用制度が並立することになり，結果進出先における雇用制度を多様化させるだろう。他方進出先が組織フィールドであれば，外資の参入は一時的に雇用制度の多様化をもたらすが，長期的には進出先地域に土着の雇用制度への収斂が見られるだろう。これに対して，産業が組織フィールドであれば，そして当該産業のベスト・プラクティスが進出先のそれでなければ，逆に進出先地域で進出先企業によってベスト・プラクティスへの収斂が起こるだろう。即ち上記3つの選択肢の何れが選択されるかは，当該産業のベスト・プラクティスが進出先地域なのか，進出先地域以外なのか，或いは，ベスト・プラクティスそのものが存在しないかによって決まるだろう。

2　同一産業・同一市場における「雇用制度間競争」

　以下では，こうした枠組みに従って，同一産業・同一市場における「雇

用制度間競争」を検討したい。以下本書では，「雇用制度間競争」を「投資銀行，自動車」と「ロンドン，東京」という2産業×2市場の枠組みで検討する。

まず，第3章で検討するのは，ロンドンにおける投資銀行の「雇用制度間競争」である。「資本主義の多様性」理論に従えば，投資銀行という産業は，少なくとも日本の得意産業ではない。加えて，ドルという基軸通貨と英語という基軸言語を背景に持つ投資銀行は，やはりアングロ・アメリカンに優位性があると言えるだろう。しかも市場は，ロンドンであり，「資本主義の多様性」理論でLMEの典型例として挙げられたアメリカと共に，LMEであると考えられる。従って，日本的雇用制度の移転・存続が最も困難なことになる。なお，日本的雇用制度の移転可能性という点に関連して，第5章では，ロンドンの日系金融機関における日本人出向者の役割を検討する。

他方第4章，第6章で取り上げるのは，東京における投資銀行の「雇用制度間競争」である。第3章との関係で言えば，対象となる産業が投資銀行という点は共通しているが，市場がLMEではなくCMEであり，日系投資銀行がホームカントリー効果（＝マーケット効果）を発揮することも期待される。日系投資銀行がアングロ・アメリカン雇用制度に収斂するか或いは日本的雇用制度のままであるかは，こうしたマーケット効果とインダストリー効果のどちらが大きいかに規定されるだろう。

最後に第7章で考察するのは東京を中心とした自動車産業の「雇用制度間競争」であり，元々日本的雇用制度の得意産業であり，しかも市場が日本であるため，日本的雇用制度の存続が最も容易であることが推察される。

以上述べたことを，本書の構成と共に表で示したのが**図表2-2**である。第3章以降では，こうした枠組みに基づいて，「雇用制度間競争」の実態を検討したい。

図表2-2 ▶ 同一産業・同一市場における「雇用制度間競争」

市場＼産業	投資銀行	自動車
ロンドン市場	第3章（第5章）	本書の対象外
東京市場	第4章，第6章	第7章

資料出所：筆者作成。

なお，以下ではアングロ・アメリカン雇用制度を須田［2010］に従って①外部人材調達，②職務主義，③成果主義，④分権的人事管理，と定義する。

注

(1) こうした観点に関連した数少ない研究としては，山内［2013］，Yamauchi［2016］がある。

第2部
事例研究からみた「雇用制度間競争」

第3章
ロンドンにおける投資銀行の資本国籍間比較
―投資銀行の「雇用制度間競争」(1)

はじめに

　本章では，ロンドン市場を対象に，「同一産業，同一市場の人的資源管理は，資本国籍ごとに差異化されているか，或いは収斂するのか」という問題から，海外における日本的雇用制度の適応可能性を検討する。

　これまで，日本的雇用制度に関しては，多くの国際比較研究が行われてきた。しかし，そのほとんどは，第2章で述べた様に「国間比較」か，或いは本社と海外現地法人との比較の何れかである。第3章では，ロンドンで労働市場を共有し，資本国籍間で人材獲得競争を展開している投資銀行[1]の人的資源管理の資本国籍間比較を行う。そして日本では少なくとも得意産業ではない金融機関を対象に，ロンドンというLMEの市場で，日本的雇用制度とアングロ・アメリカン雇用制度の「雇用制度間競争」の結果どの程度移転可能であるかを考察する。

　本章の構成について述べると，まず1では，調査結果の検討に先立って投資銀行という業態について概観する。2では，ロンドンで実施した事例研究の概要について述べる。最後に，調査結果が日本的雇用制度の移転可能性に関して有する含意について検討したい。

1　投資銀行とは

資本市場の構造[2]

　そもそも，投資銀行とは何か。一言で言えば投資銀行とは，日本の都市銀行の様に自らのバランスシートを活用して他企業に融資を行うことによって金利収入を得るというよりは，投資したい企業と投資されたい企業の

間にあって様々な助言やコンサルティングを行うことを収入源としている，資本市場の「総合商社」である。

　ここでは，投資銀行について説明する前に，まず資本市場の構造について説明しよう。

　資本市場の中で最も川上に位置するのは，自らの資金を運用したいと考えている投資家である。投資家は，個人投資家と機関投資家の2つに分かれる。前者は例えば企業年金の加入者や投資信託の購入者など，また後者の典型は生命保険会社である。

　次に，投資家から預かった資金を運用する主体が存在する。これは投資顧問会社や資産運用会社と呼ばれている。大手の生命保険会社や投資信託会社は，自ら機関投資家であると共に資産運用会社の役割も担っているが，年金基金の大多数はヘッジファンドを含む投資顧問会社に資産の運用を任せている。資産運用会社で資金の運用に当たるのが，ファンド・マネジャー，ファンド・マネジャーに配分するファンドの総枠を決定するのがアセット・アロケーター，ファンド・マネジャーに資本市場の様々な情報を提供するのがアナリストやストラテジストなどのリサーチである（投資家サイドのリサーチは，特にバイサイド・リサーチと呼ばれる）。機関投資家が資産運用会社を選別する基準は，言うまでもなく運用実績である。

　さて，投資家の委託を受けた資産運用会社は資本市場で株式や債券の売り買いを行うが，実際は自らが売買を行っている訳ではない。ブローカーがその仲介をしており，エクイティ（株式）やフィクスト・インカム（債券）といった部門が顧客の注文を受けて売買を「執行」（エグゼキューション）する。投資銀行がストック・ブローカーとも呼ばれる所以である。

　これに対して資産運用会社は，トレーダーが売買注文をどの程度正確且つ迅速に執行しているか，アナリストやストラテジスト（彼らはバイサイドと区別するためにセルサイド・リサーチと呼ばれている）が提供する情

報がどの程度感度が高いか，セールス担当者がどの程度要望を受け入れてくれるか，といった基準に従いブローカーを評価・選定している。

投資銀行における「投資銀行部門」

　これまで，主に投資家サイドから資本市場を眺めてきたが，次に資本市場で資金調達を行う企業の側からこの点を考えることにしよう。投資銀行の1つの重要な側面は，資本市場を通じた企業の資金調達，特にプライマリー市場（発行市場）を通じた資金調達である。これを担当しているのが投資銀行の「投資銀行部門」である。エクイティやフィクスト・インカムにとって，市場で資産を運用している投資家が顧客であるとすれば，投資銀行部門は「投資をして欲しい企業」を顧客としている。

　この部門の重要な仕事の1つは株式引き受け，即ち企業が新規に株式を公開したり増資をしたりする場合企業に代わってその買い手を見つけることである。一般に株式発行は，①オリジネーション（企業と共に証券の発行を起案すること），②アンダーライティング（発行された証券の買収を引き受けること），③シンジケーション（アンダーライティングを数社に分けて行うこと），というプロセスで行われており，実際に株式を販売するエクイティとの共同作業によって行われていく。また，民間企業のM&Aや政府部門の民営化等コーポレイト・ファイナンスに関するアドバイザリー活動も，この部門の重要な仕事である。

投資銀行業務と「チャイニーズ・ウォール」

　以上明らかな様に，投資銀行は自己資金を使ったビジネス（プロプライエタリー・ビジネス）というよりは，資本市場における仲介業務から生じ

る手数料収入（エージェンシー・ビジネス）が中心であるが，投資銀行が自己資金を使ったビジネスを行わない訳ではない。例えば投資銀行部門関係では単にM&Aの仲介だけではなく，自己資金による企業買収などが行われており（これはプリンシパル・トランザクションと呼ばれている），他方，エクイティやフィクスト・インカムでも，自己資金を投じて株式や債券を売買している。顧客の指示に従って売買を執行することをカスタマー・トレーディング，また自己資金を投じた売買をプロプライエタリー（プロップ）・トレーディングと言う。

そこで，エージェンシー・ビジネスとプロプライエタリー・ビジネスとの垣根を設けることが必要になる。さもなければ，顧客からある銘柄の買い注文が来た時に，投資銀行がその銘柄を先に買って値段を吊り上げることになりかねないからである。こうした障壁を（物理的な「壁」が存在するわけではないが）チャイニーズ・ウォールと言う。

こうしたウォールは，エージェンシー・ビジネスとプロプライエタリー・ビジネスだけではなく，プライマリー市場（発行市場）とセカンダリー市場（流通市場）の間やリサーチにも存在する。これは，インサイダー取引や，リサーチが売り上げ貢献を求められる結果，株式の販売を必要以上に顧客に誘導するのを避けるための措置であり，ロンドンではFSA（Financial Services Agency）という機関がコンプライアンスの監督に従事していた[3]。

投資銀行の歴史

ところで，そもそも「投資銀行」というビジネスは，いつどこで生まれたのだろうか。投資銀行は，まずアメリカで発達した。アメリカでは大恐慌後，グラス・スティーガル法（1999年に廃止）によって銀行業務と証

券業務が分離し，その結果，証券業務を営む金融機関は「投資銀行」と呼ばれるようになった。その中でも，ゴールドマン・サックス，モルガン・スタンレー，メリル・リンチの3社は，投資銀行部門からストラクチャード・ファイナンスに至るまでの総合的なビジネスをワールドワイドに展開している「御三家」，これにリーマン，ソロモン，クレディスイス・ファーストボストンを加えた6社が米系の主要な投資銀行であり，さらに米系以外のドイチェ・バンクとUBSウォーバーグを含めた8社が投資銀行業界のファースト・ティア，これに続くのが，ソシエテ・ジェネラルやバークレイズ・キャピタル，野村證券等のセカンド・ティアというのが2000年代の前半までの状況だった。しかし2008年のリーマン・ショックによって業界事情が激変したことは，周知の通りである[4]。

　他方イギリスで発達したのがマーチャント・バンクである。マーチャント・バンクとは，そもそも貿易手形の引き受けに始まり，戦後はユーロ債の引き受けを主要業務にしていた，言うなればイギリス版投資銀行である。しかし1980年代に行われたロンドン金融市場の開放，いわゆるビッグ・バンによってアメリカの投資銀行が続々上陸し，結果マーチャント・バンクのほとんどが競争に敗れて吸収された（数少ない生き残りだったベアリング社もトレーダーの不正の結果1995年に倒産した）。これが世に言う「ウィンブルドン現象」である。

投資銀行の競争力

　それでは，投資銀行の競争力を規定する要因とは何か。言葉を換えれば，一体何が投資銀行の「勝ち組」と「負け組」の分水嶺になるのだろうか。
　先に触れた様に，エクイティやフィクスト・インカムでは，エグゼキューションの迅速性・正確性やリサーチによる情報提供，さらにはセールス

対応などが重要である。また，直接収益を生まないミドルやバックが財務担当者に対して行うリーガルやタックス面のアドバイス機能（彼らは，それによって会計処理のリスクを軽減できる）も挙げられるだろう。

　これらの点に加えて，重要であると考えられるのは，部門間のコラボレーションである。これまで投資銀行は，企業に対する帰属意識よりも自分が雇われている仕事に対する帰属意識が強く，「如何にディールをまとめるか」，「如何にトレーディングで儲けるか」のみを考えていると言われてきた。しかし，個人が余りにも自分のことだけを考え過ぎることの弊害に気がついた英系の投資銀行では，クロス・セリング，クロス・イントロダクションなど「如何に会社のことを考えてもらうか」という問題に手をつけようとしている。

　この点はグローバルな組織構造とも関係している。現在，日本を含めた世界の投資銀行は，拠点長に多くの裁量を与える体制から，エクイティ，投資銀行等のビジネスラインごとにグローバルヘッドを置き，拠点長へのレポートと共にグローバル・ビジネスヘッドにもレポートを行うという，マトリックス組織を導入している。

2　調査結果

　ここでは，筆者がロンドンで実施した投資銀行6社の調査結果を述べることにしたい。資本国籍別の内訳は，日系3社，米系1社，英系1社，仏系1社となっている。聴き取りは各社人事担当者，ライン・マネジャーに対して行われた[5]。

　なお，投資銀行の競争構造はファースト・ティアー，セカンド・ティアーという形で階層化しているが，以下の記述は主にセカンド・ティアーの

企業群を対象にしている。

人事制度

　まず，組織について説明しよう。日系，非日系を問わず，投資銀行はインベストメント・バンキング（M&Aビジネスや株式公開），エクイティ，フィクスト・インカム，リサーチ，等のビジネスラインに分かれており，ビジネスラインが拠点長よりも強いレポーティングラインを形成していることでは各社共通している。

　こうした直接収益を生み出すフロント部門の他，人事，法務，コンプライアンス，財務といったミドル部門や，オペレーション，受け渡し，決済などのバック部門が存在する。フロント部門とミドル＋バック部門の人員構成について正確な数字は分からないが，仮に１：１であればかなりフロントのウエイトが高いと言う。これはクオンツと呼ばれるコンピューターによるモデリングが営業で重要な部分を占めるなど，取引が複雑・高度化していることによるものである。

　次は人事制度である。第１章で述べた様に，日本の人事制度の中心は職能資格制度であるが，ロンドンの投資銀行の人事制度の中心はジョブ・タイトルである。正規従業員はバイス・プレジデント，マネジング・ディレクターなどのジョブ・タイトルに区分され，その下に新卒社員を格付けるアソシエイト，アナリストというトレーニーの階層がある。

　タイトル数はアソシエイトからマネジング・ディレクターまで４段階という簡素な仏系の企業から，日系の様に10段階と多階層の所まで様々である（概して日系は投資銀行，コマーシャル・バンクを問わず，階層の数が多くなっている）。かつて従業員の５％～７％がマネジング・ディレクターであり，ビジネスの変動に比べ固定的だったが，現在はこの業界でもリ

ストラが進行したためか，調査対象企業では3％程度であった。

　職能資格制度では給与の一定割合は個人が在籍している資格等級によって決められるが，ジョブ・タイトルと給与の関係は①給与との間に一定の対応が見られるコーポレイト・タイトル，②給与との対応はなく，対外的必要性のみに基づいているマーケティング・タイトル，の2つに分けられる。調査対象企業を見る限りコーポレイト・タイトルは少数派であり，マーケティング・タイトルを採る企業の方が多くなっている。この点は，資本国籍とは無関係であり，賃金をマーケット・レートに準拠させるのが目的である。ただしある日系企業では，ローカル・スタッフのサラリーはマーケット・レートで決められるが，日本人出向者のそれはジョブ・タイトルとリンクするという，いわば「二重構造」が形成されていた。こうした点については，第5章で再び詳しく取り上げることにしたい。

採用とキャリア形成

　ところで投資銀行はその労働力の給源をどこに求めているのだろうか。聴き取りの結果，中途採用はサーチ・ファームやリクルートメント・エージェンシー，新聞広告等によって企業内労働市場すべての階層で行われており，日本の様に企業内昇進が中心である所は日系，非日系を問わず皆無である（もっとも日系の場合，最上位のエグゼクティブ・クラスは日本人出向者によって占められているので，外部労働市場には開かれていない）。ただし英系では，空席を充当するポリシーは「ベスト・キャンディデイト」であり，「空席の発生即ち外部労働市場」ではなく，社内でまず適材を調達する努力がなされている。こうした言明は，人事担当者の「人事はかくあるべき」という期待感に根ざしている場合があるが，今回の聴き取りではコーポレイトの人事担当者，投資銀行部門人事担当者，ライン・マ

ネジャーの3者が共通して強調していた点である。また，この企業のあるライン・マネジャーは，中途採用に際しては従業員のロイヤリティの観点から「少なくとも5年は前の企業に勤めていることが望ましい，前職が2年未満の候補者には面接しない」と述べている。実際各社の勤続年数を比較すると，4年〜5年という所がほとんどである。

　同様な点は，新卒採用においても見出された。シティ（ロンドンの金融街）で最も新卒採用を組織的に（ミルクラウンドと呼ばれる大学での説明会，テスト，本社でのビジネス・ゲーム）行っているのは米系，英系企業であり，これに続くのが仏系企業である。他方，日本本社では「完成された新卒採用」を行っている日系企業は，ロンドンでは皮肉にも最も新卒採用に依存しない企業であり，その代わり日本で新卒入社後数年の経験がある若手がトレーニーとして派遣されている。こうした違いは，英系企業の「差異化」政策と考えることもできるが，同時に新卒採用や企業内昇進がホームカントリー企業の優位性と不可分の関係にあることを示唆している。

　それでは，投資銀行におけるキャリア形成は一体どの様な形で行われているのだろうか。この点は部門や職種によって異なる。フィクスト・インカムやエクイティなどの部門では，セールス，トレーダー，リサーチといった職種ごとに労働市場が形成されており，同一職種内の企業間のヒトの異動は日常茶飯事であるが，一部の例外を除けば職種を超える異動が行われることはない。他方仏系企業の人事担当者によれば，投資銀行部門では中途採用はもちろんのこと，それと平行して企業内昇進も行われている。

　こうした部門間の差異が生まれるのは一体なぜだろうか。同社の人事担当者によれば，エクイティやフィクスト・インカムとインベストメント・バンキングの違いは，それぞれの組織構造に根ざしていると言う。前者の組織は一言で言えばフラット型であり，セールスやトレーダーという職種の中でジュニア，シニアといった階層は暗黙に存在するものの，マネジャ

ーとなるとそれぞれの部門のヘッドや国別窓口（例：ジャパンデスク）のヘッド等ごく少数に限られる。これに対して，後者はチームプレーで仕事が進行するので，セールスやトレーダーに比べればヒエラルキーは明確であり，従って上位職務の空席を下位職務の担当者によって充当するという企業内昇進を行うことができる。即ちヒエラルキー型組織では，下位職務従事者が上位職務従事者に対する「ストック」（当然，下位職務の方が上位職務よりも数が多い）となることによって，企業内人材育成を下支えしているのである。逆に「非」ヒエラルキー型組織では企業内の人材ストックが存在せず，従業員も昇進機会がほとんど存在しないために特定企業に留まるインセンティブが存在せず（最近は co-head と呼ばれる，同一職務を2名でシェアする制度を導入している企業もあるが），その結果転職によって労働条件を向上させることが合理的になると言えるだろう。

　なお，セールスやトレーダーの専門性は2つの軸によって規定される。第1の軸は取り扱う商品，例えば日本株の現株か派生商品か，である。これをプロダクトと言う。第2の軸は顧客である。エクイティを例に挙げると，彼らの仕事は株式を投資家に売買することであり，従って言語を含めた「国ごと」の専門性や，販売相手が機関投資家かそれ以外かが重要になる。ただし，この点はトレーダーでは余り重要ではない。トレーダーのキャリアで重要なのは，顧客の注文に応じて売買を行うカスタマー・トレーダーか自己資金で株式を売買しているプロプライエタリー・トレーダーかである。トレーダーのキャリアは，まずカスタマー・トレーダーからスタートして，経験10年程度のシニア・トレーダーになったところで，プロプライエタリー・トレーダーに転換する者が多い。これは売買注文を執行して手数料を得るカスタマー・トレーダーに比べ，自己資金によって売買を行うプロプライエタリー・トレーダーのリスクが大きいからである。

ウェイジ・サーベイとボーナス・プール

　これまでキャリア形成について述べたが，転職を通じたキャリア形成の重要なインセンティブは賃金である。日本では賃金に関して「日本—年功序列，欧米—成果主義」という見方が根強いが，逆に，成果主義が適用されるのは投資銀行等一部企業の管理職，専門職階層に限られるという議論も存在する（前田［2000］）。それでは，「成果主義の中の成果主義」である投資銀行における賃金はどの様なものだろうか。

　この点は，フィクスト・ペイとパフォーマンス・ボーナスを分けて議論する必要がある。まず，前者ではマクラガン（McLagan）が行うウェイジ・サーベイが重視される。同社は，シティの金融機関から守秘義務を前提に賃金のデータを入手し，それに基づいて職種ごと，職務ごとの標準的な金額を提示する。これがマーケット・レートである。即ち，マーケット・レートとは，企業が外部労働市場からヒトを採用する場合に最低限払わなければならない「世間相場」であり，投資銀行各社のベース・ペイは，このマーケット・レートに収斂していく。この点は資本国籍に関係なく，各社に共通した点であった[6]。

　しかし，マクラガンのサーベイはあくまで前年度データに基づいている。従って，各社の業績がどの程度前年から変動したか，また各社がどの職種のスタッフを厚く報いたいかによって，実際のサラリー・バンドやそれに基づく個々人のサラリーは，丁度産業別組合の協定賃金から賃金額がドリフトする様に当然異なってくる。「収斂と差異化」は，まさに好一対なのである。

　なおベース・サラリーを決めるのは職種ごとのサーベイの結果なので，金額はレベニュー・ファンクション（フロント）とノンレベニュー・ファンクション（ミドル，バック）では当然異なる。ただし，あるコンサルテ

ィング会社の担当者は「入社当初はMBAイヤー1年目いくらという形で決められるので，大きな差が生じることはない」と述べている。

ところで投資銀行では，日系，非日系に関係なくヘイ・システムに代表されるジョブ・グレイド（第1章で述べた職務等級）は存在しない，従って職務給も存在しない。その理由は明らかではないが，同一等級でも職種による賃金格差が大きいこと，また中途採用が日常茶飯事なので，サラリーを外部労働市場に対して常に競争的にする必要があることが挙げられる。また同じ仕事に就いても個人個人によって成果に大きな差が生じるために，職務給が馴染まないのではないだろうか。事実仏系企業の人事担当者は，「企業がサラリーを支払うのは仕事そのものではなく仕事をしている人間である。同じ仕事に配置されても，能力や過去の経験によって市場価格は異なる。ジョブ・グレイドではマルクスの言う『市場価格』よりも高い値段で人を雇うことになってしまう」と述べている。

最後にボーナスであるが，会社が税引き前利益の50％前後（コマーシャル・バンクでは，30〜35％前後）にボーナス・プールを設定し，それが各部門に配分され最終的に個人に配分されるというのが，多数派の決め方である。ある日系投資銀行の人事担当者によれば，このプロセスは，①各部門によるボーナス金額申請と報酬委員会での検討，②グローバル・ビジネスラインを含めた各部門の折衝によるロンドン各部門ボーナス総額の決定，③個々の従業員への配分，という形で行われる。レベニュー・ファンクションでは，金額が多い代わりに変動も大きく，他方ノンレベニュー・ファンクションでは金額が少ない代わり変動幅も小さくなっている。

これに対して，唯一異なる決め方をしているのが英系企業である。ここではボーナス・プールは存在するが，年末に自分の部下の仕事振りを確認して上司に報告し，その後エグゼクティブ・コミッティで全従業員のボーナス金額が議論される。あるライン・マネジャーによれば「上司がプール

を持っていて自分の取り分の残りを部下に与えるというシステムは存在しない」。その理由は，今一人のライン・マネジャーによれば「従来型の仕組みでは，従業員は上司に忠誠を誓っても，会社のことを考えなくなってしまうから」であると言う。

3 考 察

　これまで述べた各国投資銀行の人的資源管理からは，①外部労働市場を重視した人材の獲得，②処遇とは必ずしもリンクしているとは言えないジョブ・タイトル，③ウェイジ・サーベイに準拠した賃金の決定，④ボーナス・プールの各部門による配分，という4点がロンドンの投資銀行の雇用制度の最大公約数として抽出された。反面，聴き取り調査を通じて，もちろん共通点だけでなく，英系銀行における新卒採用，企業内昇進の重視や，コミッティによるボーナスの決定，日系における多階層構造などが，相違点として明らかになった。

　これまで述べた点，特にジョブ・タイトル，ウェイジ・サーベイ，外部労働市場を重視した労働力の調達は，相互に密接に依存している。以下では，こうした結果を日本的雇用制度の移転可能性という観点から考察して，暫定的なまとめとしたい。

　まず各社がジョブ・タイトルで賃金を決めないのは，投資銀行という産業において賃金を規定するのは，あくまで「タイトル」ではなく「仕事」だからである。それでは，なぜタイトルで決めないかと言えば，投資銀行は社内における従業員の公平感（「内部公平性」）よりも，社外における従業員の公平感（「外部公平性」）が強いからではないのだろうか。日本企業の職能資格制度とジョブ・タイトルは，「ヒト基準」の人事制度であると

いう点で共通している。こうした「ヒト基準」の人事制度は，企業内で部門や職能を越えて「ヨコぐし」を刺しているという意味で，内部公平性という観点からすれば極めて優れている。しかし，社外から労働力を調達することが一般的であれば，当然労働市場はフィクスト・インカムやエクイティ等職種別に形成される（フィクスト・インカムで生じた空席にエクイティの経験者を採用することは意味がない。そういう人的資源配分は，社内の人事異動で可能である）。即ち，フィクスト・インカムにはフィクスト・インカム，エクイティにはエクイティ，という各々の職種ごとに賃金の「相場」があり，こうした相場に従って賃金を支払わなければベスト・タレントを確保できない。要するに，こうした外部の職種別労働市場で形成された賃金相場を「所与」として対応しなければならない場合，企業内労働市場で自社の裁量で賃金を決定するのとは異なり，重要なのは「内部公平性」ではなく，あくまで「外部公平性」なのである。ジョブ・タイトルがあくまで従業員の呼称に留まり，賃金そのものはウェイジ・サーベイで決められるのはこの点に理由があると言えるだろう。

　この様に考えると，日本企業（正確には，「日本における日本企業」）で職能資格制度が普及している理由も明らかである。先述した様に，日本企業は何よりも内部公平性を重視する，それが職能資格制度の定着している理由である。それでは，なぜ内部公平性を重視するのかと言えば，社外から労働力を調達することによって職種別労働市場が形成されるのとは真逆の世界，即ち企業内労働市場における人的資源配分が定着しているからである。

　同様に，ジョブ・グレイドが賃金の決定要因ではない理由もこの点に由来するであろう。ジョブ・グレイドは「仕事基準」とは言え，あくまで「仕事の企業内価値」を示したものである。他方，ウェイジ・サーベイはこれまで述べたことから明らかな様に「仕事の（外部労働）市場価値」を

示している。職種別労働市場における労働力の「値付け」が確立しており，且つ企業内の階層がそれ程多くないロンドンでは，ジョブ・グレイドよりウェイジ・サーベイの方がより適合するのであろう。

　以上，この章では，ロンドンにおける投資銀行の人的資源管理の「雇用制度間競争」を通じて，「内部公平性」と「外部公平性」の「雇用制度間競争」という観点から日本的雇用制度を検討した。第1章で述べた様に，投資銀行は「資本主義の多様性」理論に従えば少なくとも日本の得意産業ではない。且つロンドンは文字通りのLME市場である。従って日系投資銀行は，ロンドン市場のベスト・プラクティスであるアングロ・アメリカン雇用制度に収斂せざるを得ない。なぜなら，ロンドン市場における組織フィールドは，日系企業という「ホームカントリー」ではなく，あくまでロンドンという「マーケット」であり，しかもLMEのロンドンでは「マーケット効果＝インダストリー効果」だからである。その結果，投資銀行においては，日本的雇用制度をロンドン市場に移転するのは困難であるというのが，本章の結論である。

　ところで，本章ではロンドンという「マーケット効果＝インダストリー効果」の市場を検討したが，「マーケット効果とインダストリー効果が異なる場合」はどの様な結果が得られるだろう。第4章では，調査対象をロンドンから東京に移してこの点をさらに考えたい。

注───
(1) 投資銀行の組織については，R・G・エクルズ＝D・B・クレイン（Eccles, Robert G. And Dwight B. Crane［1988］）が検討している。
　　また，イギリスのマーチャント・バンクの盛衰については，オーガー（Auger, Philip［2000］）を参照されたい。

(2) 以下の記述は，八代（充）[2004] を要約したものである。
(3) 英国では，金融危機後に監督体制の不備を正すために，それまでの FSA による一元的な監督体制を廃した。2013 年以降の新しい体制では，①マクロの健全性を担う FPC（Financial Policy Committee），②ミクロの健全性のために金融機関を監督する PRA（Prudential Regulatory Authority），③英国金融システムの信任の保護・改善を行う業務行為規制を担う FCA（Financial Conduct Authority），という 3 つの機関が創設された。英国における金融監督行政の変化については，小立 [2012] を参照されたい。
(4) 野村 [2014] によれば，大手投資銀行のうちベア・スターンズが JP モルガン・チェイスに救済合併（2008 年 3 月），リーマン・ブラザーズが破綻後野村證券・バークレイズに買収（2008 年 9 月），メリル・リンチがバンク・オブ・アメリカに救済合併（2008 年 9 月），またモルガン・スタンレーが三菱UFJ フィナンシャルグループによる資本注入（2008 年 9 月），という形で大きな変貌を遂げている。

　他方国内投資銀行は，野村證券，大和キャピタル・マーケッツ，SMBC 日興証券，三菱 UFJ モルガン・スタンレー証券，みずほ証券などが業界の大手である。

　野村證券は，2008 年 9 月にリーマン・ブラザーズを買収，大和キャピタルは，2001 年〜2010 年までは三井住友銀行と大和証券 SMBC という合弁企業でビジネスをしていたが，2010 年同銀行との合弁を解消した。日興証券は，1999 年シティグループと合弁で日興ソロモン・スミス・バーニーの営業を開始した。2001 年に日興コーディアルに社名変更の後 2009 年に三井住友フィナンシャルグループ傘下に入り，2011 年に SMBC 日興証券と社名を変更した。三菱 UFJ モルガン・スタンレー証券は，先述の如く 2008 年に三菱 UFJ フィナンシャルグループのモルガン・スタンレーへの出資に伴い，2010 年営業を開始した。みずほ証券は旧みずほ証券とみずほインベスターズ証券が 2013 年に合併した。

　投資銀行業界の概況については，山内 [2013] を参照されたい。
(5) 事例調査は，2003 年〜2005 年に掛けてロンドンで行われた。ただし，記述の一部は，日系コマーシャル・バンクや日系機関投資家等投資銀行以外の金融機関で行った聴き取り調査，及び事前に東京で行った聴き取りの結果に基

づいている。なお各社の従業員数は，日系 1,200 名，450 名，380 名，米系が（欧州全体で）6,000 名，英系が 3,000 名，仏系が 1,500 名である。

(6) ここで大手コンサルティング会社のウェイジ・サーベイについて説明すると，調査項目は，基本給，変動給，長期インセンティブの 3 つである。この点を各々のポジションについて，前年と今年について尋ねる。そして，調査の結果を予め社内で構築された職務体系の「雛型」に当てはめる。具体的な作業手順は，下記の通りである。

①年度の初め（3 月）にジョブ・ディスクリプションを検討。書かれたものを検討することもあるが，むしろ人事部門に尋ねることが多い（例えば，チーフ・ファイナンシャル・オフィサーの定義など）。

質問内容はパッケージであり，クライアントによって変わるわけではない。
↓
②同社がジェネラライズしたジョブ・ディスクリプションを，すべてのクライアントに送付し，その定義が各社にマッチングするか否かを判断してもらう。
↓
③データのプロセスを行う段階。企業によって提供されたデータ・ポイント（サンプルセレクションではなく，すべてのデータ）のデータを入手する。それに基づいて，インターナル，エクスターナル・コンシステンシー（社内・社外）を分析し，それに基づいてコンサルティングを行う。

ジョブのカテゴリーについて，エクイティ，フィクスト・インカム，インベストメント・バンク，インフラ，アセット・マネジメントという 5 つのコードがあり，これは世界統一である。この中で「トレーダー」か「セールス」か，或いは，「日本株」か「欧州株」，といった切り口で細分化されている。

またポジションごとではなく，ディレクター，マネジング・ディレクターといったジョブ・タイトルごとに数値を出したり，コード化されているので同一ポジションのペイについてワールドワイドで比較することも出来る。

インプット・ファイルにはサラリー，ボーナス，トータルコンペンセーションについて当該企業のマーク（下位 25 パーセンタイル，中位，上位 25 パ

ーセンタイル），当該企業を除く他社のデータ，を提示する。或いは○社中○位という順位をつけることもできる。他社データは，具体的にどこと比較したいという要望がつく場合がある。ただマクラガンとクライアント各社は守秘義務の契約を結んでいるので1：1の比較することはできない。「最低○社のデータを含める」ことが契約上決められている。

　各社がウェイジ・サーベイに参加する理由は，以下の3点である。

　第1点は市場を知ること。他社に人材を引き抜かれないため，或いは他社から人材を引き抜くためには，労働条件を競争的にすることは重要である。

　第2点は，トレンドを見ること。市況によってサラリーやボーナスがどの様に変動するかを理解するためである。

　第3点は人事制度改定の材料とすること。

　なおウェイジ・サーベイへの参加は特定の賃金制度は前提とされていないが，同一職能資格同一賃金ではなく，職種別に賃金を決定したいという問題意識の企業が参加する場合が多くなっている。

　以上は，大手コンサルティング会社の東京本社，及びロンドン支社で2005年～2006年にかけて実施した取材で得られた言明である。

第4章
投資銀行における賃金制度の資本国籍間比較
―投資銀行の「雇用制度間競争」(2)

1 本章の課題

　第3章では，ロンドンにおける投資銀行の資本国籍間比較を通じて，「雇用制度間競争」について検討した。本章では，第3章の考察を踏まえて，次の2点を明らかにすることをその課題とする。

　第1点は，日本的雇用制度とアングロ・アメリカン雇用制度との「雇用制度間競争」の結果生じる収斂と差異化についてである。ロンドンでは，投資銀行は日本の得意産業ではなく，また市場がLMEのロンドンであることから，日系投資銀行はベスト・プラクティスであるアングロ・アメリカン雇用制度に収斂せざるを得なかった。つまり，投資銀行という産業を対象にした場合，ロンドンは「マーケット効果＝インダストリー効果」であった。

　それでは，こうした「雇用制度間競争」は，「マーケット効果＝インダストリー効果」である場合と，マーケット効果とインダストリー効果が独立である場合とで，どの様に異なるだろうか。本章ではこの点を明らかにするために，調査対象をLMEのロンドン市場からCMEの東京市場に移して引き続き投資銀行の「雇用制度間競争」を検討する。

　第2点として，第3章の分析は，人的資源管理全体を取り上げていたが，本章は資本国籍間比較をより厳密に行うために「雇用制度間競争」の中で特に賃金管理を考察の対象とする。

　本章の構成は，以下の通りである。まず2では，第3章の調査結果を改めて概観する。次いで3では新たな研究枠組みを提示し，4ではそれに基づいて東京で実施した聴き取り調査の結果を検討する。最後に5では，ロンドンと東京という2つの市場の調査を踏まえた考察を行うことにしたい。

2 ロンドンにおける調査結果

人事制度

まず，ロンドンの投資銀行の人事制度の中心はジョブ・タイトルである。従業員は，バイス・プレジデント，マネジング・ディレクター等のジョブ・タイトルに区分され，その下に新卒社員を対象にしたアソシエイト，アナリスト，というトレーニーの階層がある。タイトルの数は，アソシエイトからマネジング・ディレクターまで4段階という簡素な仏系から，日系のように10段階と多階層のところまで様々である。

ジョブ・タイトルと給与との関係については，①給与との間に対応関係が存在するコーポレイト・タイトル，②給与との対応関係はなく，対外的な必要性のみに基づくマーケティング・タイトル，の2つに分けられるが，コーポレイト・タイトルは少数派で，マーケティング・タイトルの方が多くなっている。なお投資銀行では，日系，非日系に関係なく，ヘイ・システムに代表されるジョブ・グレイドはなく，従って職務給も存在しない。また昇給に関しては，パフォーマンス・アプレイザルを考慮すると答えた企業は皆無である。

キャリア形成

中途採用は企業内労働市場すべての階層で行われており，日本のように企業内昇進が中心であるのは，日系，非日系を問わず皆無である。従業員のキャリア形成は部門や職種によって異なる。フィクスト・インカムやエクイティではセールス，トレーダー，リサーチなどの職種ごとに労働市場

が形成されており，同一職種内の企業間のヒトの異動は日常茶飯事であるが，一部の例外を除けば職種を越える異動が行われることはない。他方，投資銀行部門では中途採用はもちろんのこと，それと並行して企業内昇進も行われている。

ウェイジ・サーベイ

転職によるキャリア形成のインセンティブとして重要であるのは賃金だが，フィクスト・ペイとパフォーマンス・ボーナスを分けて議論する必要がある。まず，前者はマクラガン（McLagan）が行うウェイジ・サーベイが重視される。同社は，シティの金融機関から守秘義務を前提に賃金のデータを入手し，それに基づいて職種ごと，職務ごとの標準的な金額を提示する。これがマーケット・レートである。即ちマーケット・レートは企業が外部労働市場から従業員を採用する場合最低限払わなければならない「世間相場」であり，投資銀行各社のベース・ペイはこのマーケット・レートに収斂していく。この点は資本国籍に関係なく各社共通であり，職種別に形成された労働市場に対応していると言えるだろう。

ボーナス・プール

ボーナスは，まず会社が支払能力の観点から，粗利益の50％前後に人件費の上限を設定し，それに基づき各ビジネスラインがボーナスを帳簿上に積み上げ，それが各部門，最終的に個人に配分されるというのが一般的な決め方である。

ある日系の人事担当者によれば，このプロセスは，①各部門によるボーナス金額申請と報酬委員会での検討，②グローバル・ビジネスラインを含

む各部門の折衝によるロンドン各部門のボーナス総額の決定，③個々の従業員への配分，という形で行われていく。

3 新たな研究の枠組み
―賃金管理における「収斂」と「差異化」

外部労働市場要因，企業内労働市場要因，多国籍企業要因，市況要因

以上，第3章で検討したロンドン調査を概観した。もっとも上記の調査結果は，以下の点で改善の余地がある。例えば企業がウェイジ・サーベイに参加していることは，「ウェイジ・サーベイ＝賃金テーブル」であることを意味しているのだろうか。もしもそうなら，「雇用関係の市場化」（キャペリ（Cappelli, Peter [1999]））が生じていると言わざるを得ない。

しかし，実際にサラリーやボーナスを支払うのはマクラガンではなく個々の企業だとすれば，こうした事態を想定することは困難である。人的資源管理の領域に関して，個々の企業の主体的な判断は市場の圧力の前に消滅してしまうのか，或いは逆に市場の大きな流れの中から何を選択するかが人的資源管理なのか。以下では，こうした点を視野に含めながら，賃金制度を次の4つの側面から検討しよう。

まず第1は外部労働市場要因である。企業が労働市場で競争している以上，他社と労働条件を競争的にするためには，まず世間相場に目配りしなければならない。この点，具体的指標としては，コンサルティング会社が行うウェイジ・サーベイの数値や，前職での実績が挙げられる。

第2は，企業内労働市場要因である。企業がベストタレントを確保する

ために外部労働市場要因を重視することは当然として，彼らが請負でなく企業に雇われる以上，会社としての格付けや，第3章で述べた「内部公平性」を考慮しないことはありえない。また採用時点の給与をどの程度にするか，採用後の昇給をどの程度行うかに関しては，上長に一定の裁量があると考えることが自然であろう。従って，等級制度，具体的にはコーポレイト・タイトル，パフォーマンス・アプレイザル，人事部門やライン管理職の役割といった企業内労働市場要因も重要である。

　第3として，近年投資銀行では，インベストメント・バンキング，エクイティ，といったビジネスラインがグローバルに形成されており，こうしたビジネスラインの中で資源が配分されている。各国投資銀行の東京の拠点も，こうしたグローバルの意向を無視することはできないのである。グローバル・ビジネスラインがベース・サラリーやボーナスの決定に与える影響力を多国籍企業要因と呼ぶことにしたい。

　さらに第4として，市況要因（即ち支払能力）が挙げられる。ボーナス・プールや人件費に関する50%ルールが，この点に該当すると言えるだろう。

　以上を踏まえて，本章で明らかにすべき課題を示せば，下記の通りである。

(1) 外部労働市場と企業内労働市場の接点である採用で重視されるのは，①外部労働市場要因，②企業内労働市場要因，③多国籍企業要因，④市況要因，のいずれか。

(2) 企業内労働市場で行われる昇給で重視されるのは，①外部労働市場要因，②企業内労働市場要因，③多国籍企業要因，④市況要因，のいずれか。

(3) ボーナスの決定で重視されるのは，①外部労働市場要因，②企業内労働市場要因，③多国籍企業要因，④市況要因，のいずれか。

(4) 上記の点は，部門や職種，あるいは日系と非日系でどの程度異なるか。

4 東京における調査結果

以下では，こうした枠組みに基づいて行った東京の投資銀行及びウェイジ・サーベイを行う非日系コンサルティング会社聴き取り調査の結果を検討しよう。調査対象は，投資銀行6社（日系1社，米系1社，英系1社，仏系1社，スイス系2社（A社，B社））の人事担当者である[1][2]。

採用において重視される要因

まず，日系を含めてすべての企業がウェイジ・サーベイに参加しており，その目的として，①コンペティターとの賃金比較による人材流出の防止，②従業員の採用に際して市場価値に見合った報酬を決定するための基準（スイス系A社）という点が挙げられた。「本国ではともかく，東京市場ではサード・ティア。優秀な人材を獲得すべく，現場がベネフィットを出し過ぎない様にするためのガイドラインが必要」（英系）という点も指摘された。

日系では，サーベイの対象となるのは正規従業員約7,000名のうち中途採用者対象の「専任職」コースの600名と通常の職能資格制度が適用される層のうち約200名（内20名は管理職層）の計800名，適用者は株式部門，債券部門等で増大傾向にある。人件費は人事部勘定ではなく部門勘定となっている。

もっとも，そのデータをどの様に活用するか，どの程度重視するかは各

社様々である。例えば仏系の場合，新規採用に際して「50％タイル」（データの 100 人中の 50 番目）に格付けることがパリから強く要請されている。他方米系では，マクラガンのデータは，ミドル・オフィス用のマネジング・ディレクターならいくら程度といった雛形と共にライン管理職に「御参考」として提示されるだけで，管理職の裁量が大きくなっている。英系では，マクラガン等のデータに基づいて各々のポジションに関して，キャップ，アベレージ，ミニマム，という 3 つのポイントを設定している。日系では，「終身雇用を提供している以上，サーベイの結果は，あくまでも参考値に過ぎない」と言う。

次に，コーポレイト・タイトルについて見ると，職能資格制度を採用する日本企業を含め仏系以外すべての企業でタイトルとベース・ペイには何らかの対応関係が見られる（仏系の場合，タイトルとサラリーとの関係はあくまで「事後的」であり，サラリーはポジションで決められる）。しかし，ここでもタイトルによるサラリーの制約の度合は，「（世間一般で言う「資格」ごとに：筆者注）職位給（固定部分）と能力給（変動部分）に分かれている」（日系），「部門によっては，タイトルごとにサラリー・バンドを設けているところもある」（米系），「ワールド・ワイドでサラリー・レンジを決めている」（スイス系 A 社），「タイトルは参考程度，ポジション中心」（スイス系 B 社），など様々である。

こうした仕組みに基づいて，サラリー・レンジへの格付け，個々人のベース・サラリーの決定を行うのは，非日系ではライン管理職である。その際彼らは，在籍者との整合性よりは市場での希少性や前職のサラリーなどを重視している。唯一在籍者との整合性を重視するとしたのは，スイス系 A 社である。また仏系を含むすべての非日系で，サラリー・レンジを超えて初任給を支払う「例外措置」が本社の承認を条件に認められている。

ところで，各社は東京で新規学卒者の採用を行っているが，最近はワー

ルド・ワイドで新卒者の初任給を決定するのがスタンダードである。今回の聴き取りでも米系，英系，スイス系2社，計4社で導入されており，金額は6万ドルとなっている。

昇給において重視される要因

次に昇給について検討しよう。この点，日系と非日系では大きな違いがある。即ち，日系には労働組合が存在し，本社で団体交渉が行われて総額人件費が決められる。他方，非日系に労働組合はなく，人件費予算はボード・ミーティングに従ってビジネスラインごとに決められ，それが各地域に配分されていく。その結果，フィクスト・インカムとエクイティでは同じ企業にもかかわらず収益が異なるので人件費予算も異なる。極端な場合は，米系，仏系のように同一タイトルであってもサラリー・レンジすら異なっている。これと対極に位置するのがスイス系A社で，「ワン・カンパニー」という観点から，同一タイトルのサラリー・レンジはフロント，ミドルと部門とを問わず，全社で共通となっている。英系では，予算はタテ割りで決定される部分と拠点長に配分される部分の合計であり，サラリー・レンジは部門ではなくタイトルで決められる。少なくともベース・サラリーについては，社内ガイドラインを遵守することがコンペンセイション・ポリシーの基本である。両者の中間に位置するのが，スイス系B社であり，サラリー・レンジがあるのはミドル，バックのマネジング・ディレクター，エグゼクティブ・ディレクター，のみである。

次に，毎年一定金額の昇給が約束されている「定期昇給」を制度として実施しているところは，(非日系のノン・エグゼンプションを例外として) 皆無である。そこで昇給のプロセスであるが，スイス系B社では「全社で○%」という昇給原資 (これをサラリー・プールと呼んでいる) を人

事考課の結果に基づいて配分する。これをビジネスラインごとに行っているのが米系である。仏系の場合，毎年パリのグローバル人事部門が国際競争上後れを取っている部門に行う勧告に基づいて，グローバルの執行委員会で決定される。昇給の実際は，ボーナスで報いる米系とは異なり，初任給は中位値に位置づける代わり毎年小刻みに昇給する。

　この点に関係して，米系人事担当者によれば，グレイドの等級数がフロント部門では少なく，ミドル部門，バック部門で多いのは，前者はサラリーをインセンティブにすることが可能であるからだと言う。スイス系A社では，約束はしていないがほぼ全社で一定金額昇給が行われている。ただし，辞められたくない人材に関しては当然昇給額も手厚くなり，マクラガンの75%タイルまで引き上げる，といった措置が採られている。

　もっとも，非日系の場合は後述するボーナスだけではなく，ベース・サラリーの昇給も市況に依存するところが大きい。従って，市況が思わしくなく，昇給原資が少ない場合は評価の高い者だけが昇給することもあり，ハイパフォーマーに厚く報いる結果，他の従業員にしわ寄せが行くこともあると言う（米系，スイス系A社）。

　昇給を決定するのは日系では人事部門であり，ライン管理職の評価に基づいてランク付けを行う。他方，非日系では，採用の場合と同様昇給は管理職の権限である。人事部門の役割はデータの提示や管理職に対する助言が中心，管理職の側も人事部門よりは昇給原資を配分する権限を有するビジネスライン上の上司と交渉しながら金額を決定する。

　また，管理職が行う人事考課の用途も企業によって異なっている。例えば日系の場合，昇給評価と賞与評価は別々に行われているが，外資では評価は年1回のみで，評価結果はボーナスには反映されるが，ベース・サラリーに関しては，「反映されない」（英系，仏系，スイス系A社），「トータル・コンペンセーションの中で渾然一体である」（米系），「ベース・サ

ラリー，ボーナスの両方に反映される」（スイス系B社），と各社で対応が分かれている。

ボーナスにおいて重視される要因

　最後はボーナスである。まず各社に共通しているのはトータル・コンペンセーションに占めるボーナスのウェイトが日系を含めて高いことである。非日系の場合，フロントでは賞与の方がベース・サラリーよりも多い者がいるのはまれではなく，日系でも30歳以降はボーナスの方が多くなる。これには，通常のボーナスの他に，他社から人材を採用する際の条件となるボーナスの前払い（「ガランティード・ボーナス」）も含まれている。

　ボーナスの前払いには①入社時点で支払われる「契約金」的なもの，②ボーナスの金額を入社時点で確定するもの，③入社時点で一定金額を支払い，その金額を後日トータル・ボーナスから差し引くもの，などいくつかのタイプがある。これとは別に，退職者を引き留めるための「リテンション・ボーナス」も存在する。

　次にボーナスのファンドについては，ロンドンでの聴き取りと同様各部門がボーナス支払いのために一種の引き当てを行い（これを「ボーナス・アクルーアル」（bonus accrual）と言う），それに基づき全社でボーナス・プールを決定し，各部門が地域ごとに配分する。スイス系A社では，ミドル，バックに比べてフロントでは積み方が大きくなっている。部門間で市況を反映して収益に大きな格差が生じる場合，高収益部門から低収益部門にプールが移動することは一般的ではないが，皆無というわけでもない。実際，スイス系A社では，低収益部門でも人材の流出防止が必要なので，予算の移動が行われているし，スイス系B社も「原則はない」が，両者が共同でビジネスを行う場合はその限りではないという言及があった。

次に配分方法であるが，英系では拠点の各部門に配属されて人件費配分の決定権限を持つコンペンセーション・マネジャーの監督の下で拠点長の獲得した予算が部門代表者に渡される。先に述べた様に，東京の予算はタテ割りの中のポーションだけではなく，社長独自の持分もある。その際，人事部門も同一タイトル内の「ピア・レビュー（peer review）」によって分布をチェックする。同様な情報収集はスイス系A社でも行われている。他方，米系の場合は「タテ割りのプールが『ギブン』として渡される」。仏系でも，「サラリーは人事部門の担当だがボーナスは管轄外，極めて主観的なプロセスである」。

これに対して日系では，賞与原資は通常の人事部勘定のものと担当役員裁量分の2つに分かれている。前者は，3月と9月の年2回行われる賞与評価の結果で配分される。これは自己評価から上長の評価，人事部によるランク付けを経て担当役員が最終ランクを確定する。担当役員は，人事部のランク付けを±1段階までは変更できる。他方後者は担当役員の裁量で配分できる部分であり，彼らがグローバル・ヘッドを兼ねていればこの部分を活用してグローバルの配分に裁量を行使することは可能である。

なお，今回の聴き取りでは，人件費に関する「50%ルール」の存在は必ずしも確認できなかった。その理由として，このルールがグローバルで運用されており（スイス系B社），拠点ではその存在を把握していないという点が考えられる。

5 考　察

以上，東京で行った調査結果を検討した。本節では，上記の結果が「雇用制度間競争」と，その結果としての「収斂と差異化」という観点からど

のように理解できるかについて，若干の考察を行うことにしたい。

　まず採用については，外部労働市場要因として，マクラガンのウェイジ・サーベイによって労働条件を競争的にしていることが全社に共通していた。また非日系のほとんどがワールド・ワイドで新規学卒者の初任給を共通にしており，採用においても多国籍企業要因が重要であることが分かった。

　しかし，この点を資本国籍別に見ると，まず日系ではウェイジ・サーベイの対象になるのは従業員7,000名のうちの800名に過ぎない。また，データは参考程度の活用であり，「終身雇用」とその帰結である職能資格制度が処遇の中心となっている。

　また，米系と欧州系との間にも顕著な差が存在する。即ち前者では，コーポレイト・タイトルとサラリーの間に全社レベルの関係はなく，採用に際して在籍者との兼ね合いは重視されない。人事部門の役割は，ライン管理職に「御参考」データを提供することに留まっている。これに対して後者では，ワン・カンパニーという観点からタイトルごとのサラリー・バンドを全社で設定している，マクラガン・データに基づいて，キャップ，アベレージ，ミニマム，というポイントを設定している，グローバルの人事部門が初任格付けを事実上決定している，在職者との兼ね合いを重視する，といった形で人事部門やコーポレイト・タイトルによる「ヨコグシ」がより強くなっている。

　次に昇給であるが，ここでも日系と非日系との間には大きな差が存在する。即ち日系には労働組合が存在し，昇給原資は団体交渉によって決められる。昇給を最終的に決定するのは人事部門であり，人事考課の結果に従って従業員のランク付けを行う。他方，非日系に労働組合はなく，ワールド・ワイドで決定された昇給原資が部門ごとに，各地域に配分されていくので，人事部門は日系の様に直接昇給に関与することもない。むしろ賃金

原資の配分権限を有する直属上長との関係が重要である。また，ベース・サラリーのウェイトが低いため，人事考課の結果が直接昇給には反映されないのが実情である。さらに労働組合が存在しないため，市況の良し悪しや転職可能性が昇給に影響しているのである。

しかし，それにもかかわらず，米系と欧州系の間には採用と同様な差異が存在することも事実である。つまり米系では，タテ割りの人件費が地域でも完結しているのに対して，欧州系ではグローバル人事部門による昇給勧告や部門でなくタイトルによるサラリー・レンジの設定，初任給を中位に抑える代わりに小刻みに昇給させるといった形で，「ヨコグシ」が刺されている。

最後にボーナスであるが，日系では，ボーナスに関しても組合との交渉，賞与評価，人事部門による格付け，という企業内労働市場要因が重要になっている。他方，非日系で最も重要なのは市況要因と多国籍企業要因であり，各部門が利益の中からボーナス・アクルーアルを行い，その結果全社レベルで決定されたボーナス・プールが，部門ごと，地域ごとに配分されていく。同時に，ガランティ・ボーナス，リテンション・ボーナスといった外部労働市場要因も重要である。非日系コンサルティング会社の担当者によれば，投資銀行業界では，ベース・ペイに比べボーナスのウェイトが高く，採用に際しては，ベース・ペイを抑えボーナスで対応するのが一般的である。これは市況の変動の大きい投資銀行業界が，人件費の固定部分を減らし変動部分を増やすための方策である。ただし，タテ割りの配分が貫徹する米系とは異なり，欧州系ではコンペンセーション・マネジャー，ピア・レビュー，部門を超えるボーナス予算移転といった対応が採られているのである。

以上，本章では第3章に続いて，同一産業・同一市場で競争している異なる資本国籍の企業による「雇用制度間競争」，具体的には，東京市場の

投資銀行の賃金管理における「収斂と差異化」を検討した。第3章で詳述した様に，ロンドンにおける「雇用制度間競争」は，アングロ・アメリカン雇用制度への収斂が観察された。これは，投資銀行が日本の得意産業ではないことに加え，ロンドンがLME市場であることから，「マーケット効果＝インダストリー効果」であるためである。

他方，マーケット効果とインダストリー効果が独立である東京市場に目を転じると，同一市場の競争を通じて「収斂」するというより，①部門完結型（米系），②部門プラス人事部門混合型（欧州系），③人事部門主導型（日系）という多国籍企業要因を反映した差異が存在する（**図表4-1**参照）。それでは，ロンドンと東京の相違点は何かと言えば，前者においては日系企業が「外部公平性」を重視するアングロ・アメリカン雇用制度を自らの組織フィールドとして適合したのに対して，後者では産業のベスト・プラクティスであるアングロ・アメリカン雇用制度ではなく，日本的

図表4-1 ▶ 投資銀行の賃金制度の資本国籍間比較に関する概念図

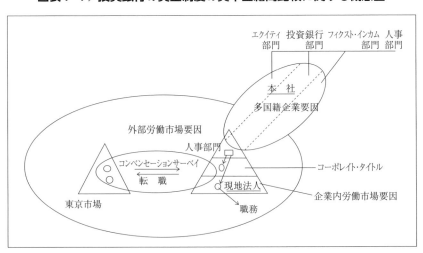

資料出所：八代（充）[2007]，p.73。

雇用制度を自らの組織フィールドとしている。つまり東京の日系企業においては，「マーケット効果＞インダストリー効果」なのである。

これに対して，他の国籍の企業は，マーケットが東京であるとは言え，決して日本的雇用制度を自らの組織フィールドとすることはない。従って日本的雇用制度への収斂は起こらない。即ち，日系以外の企業にとっては，「マーケット効果＜インダストリー効果」，「マーケット効果＜ホームカントリー効果」なのである。以上の点が「ロンドンと東京における収斂と差異化」の相違を規定する要因であると言えるだろう。

さて，これまで述べた同一産業・同一市場の「雇用制度間競争」は，競争のプレイヤーが労働市場を共有していることが前提とされていた。しかし，労働市場は必ずしも「外部労働市場」とは限らない。「企業内労働市場」も労働市場であることは言うまでもない。労働市場を「企業内」で共有することと「企業外」で共有することは，一体どのような関係にあるのだろうか。この点は，第6章で詳しく検討することにするとして，次章は再び対象をロンドンに戻して日系企業における日本人出向者の役割について検討したい。

注

(1) 調査時期は 2006 年 6 月～8 月である。従業員数は，日系約 7,000 名（リテール部門含む），米系 1,200 名，英系約 290 名，仏系 290 名，スイス系 1,200 名（A 社），600 名（B 社），となっている。
(2) 日系とスイス系 B 社では，ライン管理職に対する聴き取りも同時に行った。

第5章
ロンドンの日系金融機関における日本人出向者の役割

第5章　ロンドンの日系金融機関における日本人出向者の役割　99

1　本章の問題意識

　これまで本書では，同一産業・同一市場で競争している投資銀行の人的資源管理の資本国籍間の比較を通じて，日本的雇用制度の方向性を検討した。即ち，第3章ではロンドン市場の収斂と差異化を，また第4章では東京市場の収斂と差異化を，各々取り上げた。
　調査結果を見ると，東京に比べロンドンでは，雇用制度の収斂がより進んでいた。具体的にはロンドンでは，ジョブ・タイトル制度，外部労働市場を活用した労働力調達，ウェイジ・サーベイ，ボーナス・プール，などが資本国籍に関係なく普及していた。他方，東京では，ウェイジ・サーベイの導入以外は資本国籍ごとに対応が異なり，「マーケット効果」が強いロンドンとは対照的に「ホームカントリー効果」の存在が顕著であった。
　それでは，こうしたロンドンと東京の違いは一体何によるものか。ロンドンの日系投資銀行は日本的雇用制度をロンドンに移転するよりはアングロ・アメリカン雇用制度に収斂しているのに対して，非日系の投資銀行は，東京市場でも日本的雇用制度には収斂してはいない。では東京の日系はと言えば，産業的には不得意産業であるものの，「マーケット効果」が優先するため産業のベスト・プラクティスであるアングロ・アメリカン型を自らの組織フィールドとすることはない。従って，ロンドンの日系投資銀行と東京の非日系投資銀行，さらに東京における日系投資銀行の「組織フィールド」の違いが，ロンドン市場と東京市場の収斂の度合を規定する要因として重要である。即ち，前者の組織フィールドが，ロンドンという「マーケット」であるのに対して，後者は，あくまで「インダストリー」，「ホームカントリー」なのである。
　上記のロンドンにおける調査結果は，従来の日本的雇用制度の移転可能

性 (1) に関する研究とは真逆である。ジョブ・タイトル，外部労働市場を活用した労働力の調達，ウェイジ・サーベイに基づいた仕事をベースとした「外部公平性」を重視するアングロ・アメリカン雇用制度と「内部公平性」を重視する日本的雇用制度の「雇用制度間競争」は，日本的雇用制度は，東京ではマーケット効果を利用できるものの，ロンドンでは受け入れられないのである。

　ところで，一般にホームカントリー効果を担っているのは，海外派遣要員（日系企業であれば日本人出向者）である。一般に，彼らの役割は，本国の雇用制度を進出先に移転することにあると考えられるが，日系企業においては，日本的雇用制度の移転は図られていない。とすれば，彼らはどの様な役割を果たしているのか。また，こうした日本人出向者の役割は，日系企業の経営戦略とどの様に結びついているのだろうか。以下，再びロンドンの日系金融機関の人的資源管理について検討しよう (2)。

2　事例分析

　こうした問題意識に基づいて，2003年6月〜2005年3月にロンドンで日系金融機関に聴き取り調査を行った。調査対象は投資銀行2社（以下A社，B社），商業銀行2社（以下C社，D社）の計4社であり，各社の人事担当者だけではなく，各社の日本人ライン・マネジャーに対しても聴き取りを実施した。事例に記載されている数値等は，すべて当時のものである。

2.1 A社の事例

(1) 企業概要・人事制度

A社は，日本本社を含めた持株会社の傘下にある。現在，従業員数は約1,200名，うち正規従業員は900名である。A社の組織はワールド・ワイドで4つのビジネスラインに分かれており，英国のレポーティング・ラインは，ロンドンのCEOとワールド・ワイドのディパートメント・ヘッドの2つに対して行われるという，典型的なマトリックス組織になっている。A社のCEOによれば，非正規従業員を含めた従業員構成を部門別に見ると，フィクスト・インカムが約270名，エクイティ約270名，投資銀行株式引き受けやM&Aが約60名。マーチャント・バンキング（自己資金による投資）が約50名。以上がフロントであり，残りがミドル，バックとなっている。

人事制度については，ファンクショナル・タイトル（プレジデント，CFO，ディパートメント・ヘッドなど）とマーケティング・タイトル（名刺上の肩書き）はあるが，欧米のような処遇とリンクしたコーポレイト・タイトル（マネジング・ディレクター，バイス・プレジデントなど）は現在存在しない。その理由は組織が階層的になるということである。しかし，アメリカにはコーポレイト・タイトルがあり，日本の組織もフラットになったので，一貫性を持たせるために近々復活させる予定である。

従業員のベース・サラリーを決めるのはコンサルティング会社のウェイジ・サーベイであり，コンサルティング会社（A社はマグラガンを使っている）に自社の賃金情報を提供する代わりに仕事ごとの賃金相場の提供を受けている。賞与の場合は，基本的に個人の業績如何だが，個人の成果が高くても部門の成果が振るわなければ抑えられる場合もある。全社的にはボーナス・プールは総収入の50％程度にするという規準が存在する。

労働力の調達については，まずイントラネットに掲示するなどの形で企業内の候補者を探すが，多くは外部労働市場からの中途採用である。シティの他企業の様な新規学卒社員育成プログラム（graduate training program）もなく，新卒採用はアドホックである。また，労働力の給源が中途採用であることに対応して，従業員のキャリアも「インベストメント・バンキングの中のコーポレイト・ファイナンス」という形で専門化されている。ちなみに，外部労働市場から採用される最高位のポストはディパートメント・ヘッド，フィクスト・インカムのヘッドは日本人であるが，共同部門長（co-head）はローカル・スタッフである。

(2) 日本人出向者

正規従業員900名のうち日本人出向者は約50名，約6％である。CEOやディパートメント・ヘッド等のキー・ポジションは日本からの出向者によって占められる。特にエクイティ部門は，日本からの出向者比率が最も高く，部門長のみではなく，彼の直属部下のポジションも3～4名は日本人である。その理由は，エクイティ部門が扱うプロダクトが主に日本株だからである。彼らは日本株を買いたいウェスタン・クライアントか或いは日本株を購入したい海外の日系機関投資家にセールスを行う。従って，日本企業を理解している日本人がキー・ポストを占有することになると言う。他方インベストメント・バンキングやフィクスト・インカムは歴史的に見てローカルである。ただ前者については，今後日系企業を対象にしたビジネスを拡大する動きがあり，将来は日本人出向者が増大する可能性がある。

一般に，日本人出向者のレベルは，①社長，部門長等のシニアレベル，②部門長直下のマネジャー・レベル（特にエクイティ部門），③ジュニア・レベル，の3階層に分けられる。2005年3月現在9名のボアド・メンバー中，4名が日本人，5名がローカル・スタッフである。

日本人出向者の賃金は，ローカル・スタッフとは異なり東京で決められている(3)。

(3) 投資銀行部門長 A1 氏：日本人出向者の役割①

投資銀行部門の要員約60名の中で日本人出向者はA1氏以外に9名，内訳は下記の通りである。

部門長（A1氏）
①インベストメント・バンキング7名。
　　　　　エクイティ・キャピタル（資本市場，以下ECM）2名*。
　　　　　コーポレイト・ファイナンス（M&A）4名**。
　　　　　コーポレイト・リエゾン（IR，ミーティング関係）1名。
②マーチャント・バンキング2名。

---

*資本市場とはA社が引き受けた株式・社債を投資家に販売する部門である。
**4名のうち2名は，現地採用の日本人である。

日本人出向者のキャリアは，年齢的には30歳代前半，投資銀行業務経験2〜3年が多い。以前は「1から勉強」的な人事もあったが，弊害が多く，現在は日本で現在のビジネスと無関係の仕事をしていた者が赴任することは皆無である。マネジメント上の理由で日本人出向者を置かなければならない理由はないが，ビジネスの内容が日本絡み，或いは日本人でないと文化的なギャップがある場合は，日本人を配置することが望ましいと言う。

出向者の配置について見ると，エクイティ・キャピタル・マーケット（資本市場，以下ECM）関係は以前から2〜3名体制である。欧州の企業物も扱っているが，日本企業がユーロ・マーケットで発行する株式や転

換社債がプロダクトの主な部分なので，日本との連携を考えた場合，日本人を配置せざるを得ない。もっともプロダクトの買い手は，9割以上がローカルの機関投資家である。

　日本の企業はすべて日本の法制度の下で運営されているので，その点に対する理解が重要である。従って，ヘッド，及びその下に位置するマネジャー・クラスは日本人であることが必須である。ただ，川上である案件のオリジネーション（証券発行を起案すること）においては日本人の果たす役割が重要であるが，エクゼキューション（株式をマーケットに出すこと）はローカルのプロに任せるのが望ましい。従って，ECMは共同責任者体制になっている。「ローカル・ツー・ローカル」（欧州企業がユーロ市場で資金調達を行う）については，ローカル・スタッフに任せていると言う。

　他方，コーポレイト・ファイナンスは，日本企業が現地企業を買収するといったクロスボーダーが契約上できなかったので，ビジネスはヨーロッパライン，例えばセルビア政府が持っている株式を民営化に当たり買い手を探してくる，といったものに限定されていた。

　しかし，現在日本企業との関係をフルに活用してグローバルな投資銀行を目指すことが基本戦略になっているので，日本企業やその周囲の商取引，法制度を感覚的に知っている者がどうしても必要になる。特に現在力を入れているのはA社の日本本社が持っている日本企業との関係を活かしたビジネスを行うことであり，具体的には，日本企業の欧州進出に伴って既存の企業を買収するという「インアウトのM&A」サービスを強化している。日本人の方がこうしたビジネスを理解しやすいのは否めない。案件の割合としては，10本中5本が日本，アジアのクロスボーダー，アメリカ絡みが1本，残りが欧州内である。

(4) エクイティ部門長 A2 氏：日本人出向者の役割②

エクイティ部門の従業員数は日本人出向者を含め欧州全体で200名弱，日本人出向者は30名である。彼らのキャリアのバックグラウンドは株式であるが，海外経験は長い者から短い者まで様々である。日本人の出向者は，A2氏，同氏の直属の部下2名（セールス，トレーディングのヘッド），及びセールス・ヘッド直属の日本株ヘッドに共同責任者として1名，以上がマネジャー・クラス。その他の日本人はほとんどプレイヤー・レベルである。

エクイティ部門の組織は，以下の通りである。

部門長（A2氏）

①アジア株担当……ロンドンにシニア・マネジャー。その下にロンドン，ドイツ，スイス，フランスにセールス駐在。日本株のヘッドは日本人。ローカルとの共同責任者。

②セールス…………ロンドンのアジア株以外のセールス。日本からの欧州株の注文を受ける部隊。

③トレーディング…ボラティリティ・トレーダー。
（転換社債，ワラント，先物）
プロプライエタリー・トレーダー。
（会社勘定資金）

④アドミニストレーション…システムの開発等。

日本人出向者の役割は，以下の2点である。

第1点は，東京との調整である。正確に言えば「東京」ではなく，「グローバル・ヘッド」との調整であるが，ヘッドがたまたま「東京」にいて

「日本語」を話すため，その調整のために日本人が必要になっている。

　第2点は，顧客に提供する付加価値である。投資銀行は顧客から注文を受ける代わりに，①リサーチ（レポート，訪問，メール等），②エグゼキューション（どれだけ顧客の指示に従って売買を執行できるかがポイント），③IR，④訪問（セールスの担当），といった付加価値を提供している。例えば，日本株の様に日本人が提供することによってサービスの付加価値がより高くなる場合は，日本人出向者が必要である [4]。

　ただし顧客によっては，付加価値が日本人ほど高くなくても自分達の言葉（即ち英語）で話して欲しい者もおり，この場合はローカル・スタッフが望ましい。従って，実際の配置はこれらの点を勘案して決められ，両方必要な場合には共同責任者が置かれる。なお，エクイティ部門のビジネスは，ほとんど「非日系」機関投資家に関係するものである。

　外部労働市場から従業員を採用する場合は，次の3点を考慮して報酬を決定する。

　まず第1に，ウェイジ・サーベイによって提供される職種ごとの市場価格である。第2点は代替可能性であり，「余人を持って替えられない人」程売り手市場になる。さらに第3点は，ブランドである。日本株はA社にブランドがあり，アナリストも多いので買い手市場になる。他方，欧州株などA社にフランチャイズがない場合は，高い給与を払っても採用する必要があり，その結果売り手市場にならざるを得ない。

　A2氏によれば，職能資格制度を基調とする日本型賃金制度の最大の問題は，すべての従業員が職種に関係なく同じ賃金を支給されており，ロンドンではこうした日本人出向者の賃金と職種別に形成されているローカル・スタッフの給与の「二重構造」が存在することである。こうした賃金制度では，先述した付加価値をもたらす人材を外部労働市場から調達する，或いは企業内労働市場で育成して定着させることは難しい。グローバルな

企業を目指すのならば，ワールド・ワイドですべて同じ給与決定方式（ただし，具体的な金額が国によって異なるのはやむを得ない）にすることが必要であると言う。

2.2 B社の事例

(1) 企業概要・人事制度

B社は，日本に本社がある証券会社と他の日本の金融機関とのジョイント・ベンチャーの直接子会社である。ヨーロッパの本部であり，フランクフルト，パリ，マドリードなどに支店がある。B社の人事担当者によれば従業員総数は439名，ビジネスは，以下の3つの領域に分かれている。

---
①エクイティ
　日本人出向者を含めて50名。
②フィクスト・インカム
　日本人出向者を含めて70.5名。うち20名がトレーディング※。
③インベストメント・バンキング
　・コーポレイト・ファイナンス
　・エクイティ・キャピタル・マーケット
　・その他関連組織と合わせて，日本人出向者を含め41.5名。
　　※端数は兼務者である。

人事制度については，マネジング・ディレクターからクラークまで10段階のジョブ・タイトルがある。ジョブ・タイトルと賃金との間に直接の対応関係は存在しない。例えばエグゼクティブ・ディレクターというタイトル保持者も，複数の職務に配置されているからである。

従業員の賃金は，配置されている職務で決められるが，いわゆるジョブ・グレイドではなくマクラガンのマーケット・データが重視されている。マーケット・データにはレンジは存在しないが，能力・業績の差は人事評価を通じて，パフォーマンス・ボーナスに大きく反映される（ただし，パフォーマンス評価の特定のマークが特定の金額と対応している訳ではない）。余りにも能力差が大きな場合は，退職を促すこともあると言う。

　労働力の主な給源は外部労働市場である。10段階のジョブ・タイトルでは，マネジング・ディレクターの給源が①企業内昇進，②外部採用，③日本人出向者，と3分されているが，後はすべての階層で中途採用が行われている。

　ボーナスの決定方法は，他の投資銀行と同じく，①ボーナス・プールの決定，②地域，プロダクトごとの予算の決定，③上司と部下の交渉による最終金額の確定，というプロセスで行われる。ただし「利益×〇％」といったルールは存在しない。ボーナスに対する期待感は，業績が振るわなくても満たさなければならないからである。

(2) 日本人出向者

　従業員総数439名のうち日本人出向者は58名，従業員総数の約13％である。

　日本人出向者の賃金は，ロンドン市場で行われているマクラガンのウェイジ・サーベイではなく，東京のグレイドに従って決定され，彼らの賃金は明確なパッケージ（expatriates package）が適用されている。こうした制度の違いは，日本人出向者とローカル・スタッフ役割の違いを反映している。即ち日本人出向者は，日本本社の意向を現地法人に伝達し，逆に現地法人の意向を本社に伝えるというリエゾン（liaison）としての役割が期待されている。また多くの日本人は，マネジメント・ファンクションに配

属されている。10名の部門長のうち，4名がローカル・スタッフである。

(3) 投資銀行部門長 B1 氏：日本人出向者の役割①

B1氏のジョブ・タイトルはシニア・マネジング・ディレクターであり，担当は次の3つである。

①フィクスト・インカム（ヘッドは2名の共同責任：日本人，ローカル各1名）

欧州物オリジネーション，アンダーライティング（証券の引き受け），シンジケーション（アンダーライティングを行うシンジケート団の組成），投資家への販売，トレーディングまですべてを担当している。要員数は約80名，内訳を見るとセールス15名，トレーダー15名，シンジケート10名，オリジネーション15名，リサーチ10名，その他15名となっている。部門の収益に占める日本関係の割合は，約50％である。日本人出向者は12名，仕事は以下の通りである。

- 日本の機関投資家及び個人投資家向けのプロダクトの組成。
- 日本の国内債のトレーディング。
- 日本の国債のトレーディング。
- ロンドン在住の日系機関投資家に対する債券の販売。
- 在欧州の日系企業の債券発行の組成。

②エクイティ（インベストメント・バンキングのECM）

ECMとはインベストメント・バンキング部門が引き受けた株式を投資家に販売する部門である。欧州物は限定されており，日本の投資家向けに引き受けて日本で販売する。日本物はECMで組成，販売を行っている。

購入するのは欧州機関投資家である。要員数50名，内訳はトレーダーが約30名，セールスが日本とアジア15名程度，残りはサポート部隊であ

る。日本人出向者は12名である。

③インベストメント・バンキング

まだ規模的には小さいが，以下の2つのタイプがある。第1は「ロンドン完結型」（「外外」のニッチ（niche）業務），欧米の大手と競合しても勝ち目がないので旧東欧で金融関係の民営化に特化している。市場経済に備えて「西側」（死語）の株主を探す，IPOの一歩手前の仕事である。

第2は「日本本社」完結型のアドバイザー業務である。具体的には日本企業の海外進出，及び日本企業がリストラの一環で海外株式を売却する際のアドバイザリー業務を行っている。この場合買い手は，機関投資家やベンチャー・キャピタルの会社である。要員数は41.5名（端数は兼務者），この部門の収益に占める日本関係の割合は，約70％である。日本人出向者は9.5名，仕事は以下の通りである。

- 日本企業のエクイティ関連のファイナンスの組成。
- 日本企業のコーポレイト・ファイナンスの活動支援。

(4) 投資銀行部門長B2氏：日本人出向者の役割②

2004年，B1氏の帰国に伴って着任した後任のB2氏によれば，インベストメント・バンキングの要員20名強の中で，日本人出向者の数は7名。彼らの多くが，日本企業とのリレーションシップ・マネジメント（関係の構築）に従事している。リレーションシップ・マネジメントは，一般に顧客と同じナショナリティを持った者を活用するのが望ましい。ローカル企業を対象にしたリレーションシップは，ローカルの従業員が活用されている。

他方ECMに関しては，重要なのはマーケットに関する知識であるから，国籍は余り関係ない。特にイギリスでは，株式のシンジケートは狭い「ムラ社会」で彼ら独自のサークルを形成する。こうした場面ではローカル・

スタッフを活用するのが望ましいということである。

個別の役割を見ると，B2氏が全体のマネジメント，及びコーポレイト・ファイナンスのヘッド，ECMのヘッドが1名，中堅3名，若手（30歳前後）2名となっている。

2.3 C社の事例

(1) 企業概要・人事制度

C社は，法人登記上東京に本店を持つ都市銀行のロンドン支店である。ロンドンに統括役員が常駐して支店長機能を果たしており，レポーティング・ラインはここに集中している。その限りでは，伝統的な支店形態を留めている。ただしこうした支店組織は，営業推進上意味を持たない場合が多い。自らの決裁権限で物事を決められる最小単位は部長であり，彼らはグローバル・ビジネスラインの一翼を担い，その上に全体を監督するロンドン統括役員が存在するというのが実態である。なお，収益に占める日系・非日系比率は，およそ日系2：非日系8という割合である。組織の概略は，以下の通りである。

```
ロンドン統括役員    プロフィット・センター
                    営業推進  日系
                    営業推進  非日系
                    営業推進  非日系  C1氏
                    資金：アセット・ライアビリティ・マネジ
                         メント
                   コスト・センター
                    審査
```

> 業務管理（人事，総務）
> オペレーション（ローン等の事務プロセス）

　C社の人事担当者によれば，従業員数は，490名である。人事制度は，コーポレイト・タイトルは存在するが，仕事の等級など厳密なものは存在しない。「このタイトルでいくら」と決めてしまうと，それ以上を要求する人を採れなくなってしまうし，500名という規模はテーラーメードであり，個別契約的側面が強くなっている。

　採用については，新規学卒採用は少ないがゼロではない。新規学卒者に担当させたい仕事に空席が生じた際に，大学でマーケティング活動を行っている。例えば与信の関係や人事関係，或いはディーラー関係である。外部労働市場からの採用の媒体としては，エージェンシー（職業紹介機関）を通すことが最も多くなっている。一般に外部労働市場ではプロジェクト・ファイナンスやストラクチャード・ファイナンスという職種ごとに労働市場が形成されているという側面は確かにあるが，一部にはC社の様な外銀に留まって仕事をしようとする者も存在する。ロンドンは，外銀の地位が相対的に高く，例えばC社とロイズTSB銀行とでプロジェクト・ファイナンスの仕事に差がなければ，「シガラミ」のない邦銀で仕事をしたいと考える人がロンドンには事実存在するのである。

　ローカル・スタッフの定着率は20％弱，6年で一巡するという感覚である。ただし，投資顧問の様なリレーションシップ・バンキングでは顧客との長期的な関係が重要なので，勤続年数も長くなっている。

(2) 日本人出向者

　従業員数は490名のうち，日本人出向者は60〜70名，約13％である。日本企業の現地法人を顧客に持つ部門では，前面に立つのは日本人のオフ

ィサーである場合が多いので，日本人出向者の割合が高くなっている。また，日本人出向者の今ひとつの重要な仕事として本部の方針を出先に伝え，出先の考えを本部に伝えるというリエゾンがあり，こうした仕事に従事することも日本人出向者の重要な仕事である。

ビジネスユニット5部のうち，3つの部長は日本人，残り1つのプロフィット・センターと，事務センター（コスト・センター）の部長はローカル・スタッフである。

日本人出向者の労働条件は，内地で受け取る「内地払い」と現地支給の「生活給」とに分かれており，最低限必要な生活費を「ネット」で支払うための「グロス」はいくらであるべきかという観点から，「グロスアップ」が行われる。

現地払いの「生活給」が存在することを除けば，基本給は東京のものと全く同じであり，内地の従業員と同様能力等級制度に格付けられて昇格していく。日本人出向者の評価は，拠点長が最終的責任を持ち，本店人事部が管理している。

(3) 営業第2部C1氏：日本人出向者の役割

営業第2部は，欧州企業への貸し出し，及びプロジェクト・ファイナンスを行っている。与信の形態としてはシンジケート・ローンが一般的である。地域的には欧州だけではなく，中東・中近東も含んでいる。部の要員数はロンドンで60～70名，うち日本人出向者数は，12～13名と比較的多くなっている。非日系企業と取引しているとは言っても，世界的な企業であれば日本との取引が絡むので，国内ビジネスに発展する可能性のある案件については，マーケットをよく知っている日本人が行うのが望ましい，これが1つの理由である。今1つの理由は，C社は日本の銀行で金融庁の監督下にあり，ローカルのスタッフには理解が及ばない点が多々あるので，

こうした「間を埋める」ために管理部門で日本人を必要としている。プロジェクト・ファイナンスではキャッシュ・フローモデルを作成し，色々なシナリオ作成してその分析を行う。従って，「日本人」，「ローカル」というよりは，「モデル」，「顧客との折衝」といったタスクに対して適材適所で配置が決められている。

2.4　D社の事例

(1) 企業概要・人事制度

　D社は日本の都市銀行の欧州本部であり，同時に英国現地法人でもある。D社のCEOは同行の欧州本部長でもあり，従って①D社→本店，②欧州本部内の拠点→本店，という2つのレポーティング・ラインが存在し，従業員も重複している。

　D社の事業の基本は，ホールセールで，リテール，インベストメント・バンキングは行っていない。ただし，プロジェクト・ファイナンス，ストラクチャード・ファイナンス，シンジケーション，などスペシャル・プロダクツの分野が成長している。日本企業関係のビジネスは，粗利益（gross revenue）の31％，この割合は他の都市銀行の現地法人に比べ低くなっている。

　従業員数は欧州地域で594名。うち441名はロンドン勤務である。従業員の平均年齢は39歳，平均勤続年数は5.7年である。離職率は，ヨーロッパ，アメリカの同業他社と比較すると非常に低い。率直に言ってD社はローカルの中で給与の高い方ではない。ただし，夕方突然人事部に呼び出されて解雇を宣告されることもないという意味では，ローカルの慣行から離れた所にポジションを採っている。ただ，従業員が企業に留まる理由は様々であるが，会社としては，こうした堅実さ，長期的な安定をブラン

ド・イメージにしたいと考えている。

　人事制度に関しては，ジョブ・グレイドは存在しない。アソシエイトからGMまで11段階のジョブ・タイトルがある。給与は部分的にタイトルで決められる。部分的とは，それぞれのタイトルごとにサラリーのブロード・バンドとミッド・ポイントが存在する。ただし，同じタイトルでも部門ごとにバンドは異なる。具体的な金額は，サラリー・レビュー（人事考課）によって決められる。

　採用については，以前は新卒社員のためのトレーニング・プログラムが存在したが，彼らの定着性が極めて低かったため現在はない。外部労働市場からの採用は，GMを除いてすべての職位が外部労働市場に開かれている。採用のチャネルとしては，リクルートメント・エージェンシーやサーチ・ファームを用いている。

　ボーナスは，個人の評価と部門業績のマトリックスで決められる。個人評価は，A～Eの5段階で相対評価である。部門の業績は，A～Cの3段階である。こうしたマトリックスによって決められる比率（×ベース・サラリー）を示した表が5つのファンクションごとにある。インベストメント・バンキング程「ボーナスはプロフィット・シェアリング」という考え方は強くない。

　トータル・コンペンセーション（サラリー，ボーナス，ベネフィットを含む）のネット・インカムに対する割合は約35％，ボーナス・プールはネット・インカムの約6％である。こうしたプールが，投資銀行とは異なり，個人評価と部門業績のマトリックスに従って各従業員に配分される。

(2) 日本人出向者

　D社の人事担当者によれば，従業員総数590名のうち日本人出向者は86名，約15％で，次の3つのセクション，即ち，①日系企業関連：26名

中8名，②資金関係：38名中13名，③本部：28名中17名，に集中している。ゼネラル・マネジャー（以下GM）の8名は，すべて日本人出向者である。逆に，日本人出向者が少ないセクションは，①非日系関連：31名中3名，②プロダクト専門家：58名中6名，③オペレーション：116名中3名，④計画：76名中8名，となっている。日本人出向者の平均年齢は，従業員全体と同じく39歳である。

　賃金体系は，日本人出向者とローカル・スタッフでは異なる。ローカル・スタッフはウェイジ・サーベイなどローカル・マーケット準拠が基本であるが，他方日本人出向者は東京の月収で管理され，現地労働市場にはベンチ・マークが存在しない。ボーナスについてもローカル従業員は，よりパフォーマンスに連動するのに対して，エクスパッツ（本国からの派遣者）の場合は「年功（seniority）」の割合がかなり大きいと言う。

　日本人出向者の派遣を規定する最も重要な要因はコストである。ただし，D社は英国の銀行ではなくあくまで日本の銀行なので，完全な現地化を行うことは意味がない。D社の当面の課題は，ローカルのGMを誕生させることであると言う。

(3) 欧州営業第3部D1氏：日本人出向者の役割

　D社のフロントは，①日系企業に対するリレーションシップ・マネジメント，②非日系に対するリレーションシップ・マネジメント，③プロダクツ（欧州営業第3部）の3つに分かれている。リレーションシップとプロダクツとの関係は各社様々であり，プロダクト・ドリブンの所もあれば，セールスが主導している所もある。D社の場合，両者が渾然一体になっており，別々に顧客に出向いていく，即ちプロダクツ部隊がリレーションシップの役割を担っているのが特徴である。

　欧州営業第3部の要員数は2003年11月の58名から拡大基調，2004年

8月現在で67～68名在籍している。組織の概略は下記の通りであり，ビジネス・ラインは6つ，管理が2つに分かれている。D1氏は，ストラクチャード・ファイナンスと与信リスクのヘッドを兼ねている。

```
〈営業〉プロジェクト・ファイナンス    〈管理〉与信リスク　D1氏
　　　　トレード・ファイナンス            管理グループ
　　　　シンジケーション                  （企画，総務，主計）
　　　　航空機ファイナンス
　　　　船舶ファイナンス
　　　　ストラクチャード・ファイナンス　D1氏
```

　欧州営業第3部の要員数の中で日本人出向者は6名から5名に減少した。D1氏の部下と部長が帰国，部長の後任は日本人副部長が着任した。その他航空機ファイナンスのヘッド，船舶ファイナンスのヘッド，ストラクチャード・ファイナンスのヘッド，及びトレード・ファイナンスの担当者となっている。

　ただし，D社には日本人出向者以外に様々な「日本人」が仕事をしている。まず第1は，トレーニー（4名）である。トレーニーと日本人出向者との違いは，前者の任期が2年と限定されていることと，人件費が本店の負担になっていることである。仕事については，人が足りないこともあって，雑用だけはなく日本で即戦力となるべくマーケティング・オフィサーの仕事もさせている。トレーニーにどの様な仕事をさせるかは部長の裁量で，最近トレーニーを出向者に転換させ，年齢の高い者を日本に帰国させる人事を行っている。

　このうち，社内の一般トレーニー（2名）は，プランニングを担当している。入行4～5年目，国内の支店を1カ店程経験した若手労働力である。

原籍は人事部にあり，行き先未定なので現法で採用し易くなっている。また業務トレーニー（2名）は，シンジケート・ローンの本場ロンドンで勉強している。入社4, 5年〜10年目，原籍は投資銀行部である。原籍が明確なので採用は容易ではない。

その他現地採用日本人3名，ヘッドカウント上は別の部に所属しているが，実際には兼務で仕事をしている日本人出向者が2名いると言う。

3 考　察

本節では，前節の結果を踏まえ，ロンドンの日系金融機関における日本人出向者の役割について若干の考察を行うことにしたい。

ロンドンの慣行 VS. 本社の慣行

まず第1に，投資銀行を含むシティの日系の金融機関では，人的資源管理・人事制度は，①経験者の中途採用，②コーポレイト・タイトル（A社には存在しない），③ウェイジ・サーベイ，④ボーナス・プール，といった点でロンドン市場のベスト・プラクティスに収斂している。さもなければ，ローカルのベスト・タレントを確保できないからである。

しかし重要であるのは，こうしたロンドンのベスト・プラクティスに収斂した人的資源管理が，果たして誰を対象としているかである。

この点A社では，日本人出向者の給与を決めているのは日本本社であり，「ロンドンでは，職種に関係なく同じ給与が支払われている」（A社エクイティ部門長）。またB社では，彼らの賃金はウェイジ・サーベイに含まれていない。即ち，日本人出向者のサラリーはローカル・スタッフとは異な

り「外部にベンチ・マークが存在しない」（D社人事担当者）ことに特徴があると言えるだろう。

では，日本本社は日本人出向者の給与を如何なる形で決定しているのか。この点C社では，ローカル・スタッフのサラリーは個別契約的側面が強いのに対し，日本人出向者のそれは，現地払いの「生活給」が存在することを除けば，基本給は東京の人事制度（即ち，職能資格制度[5]）を基本とした東京のものが適用されている。このことは，日本人出向者とウェイジ・サーベイで給与が決められるローカル・スタッフとの間に賃金の「二重構造」が存在することを示している。

もちろん他国籍の企業についても，エクスパッツと呼ばれるステイタスを有する従業員については，エクスパッツ用パッケージ（居住費）が適用される。しかし，日系と決定的に異なるのは，第1にエクスパッツとローカル・スタッフの賃金は絶対額では異なるが構造上の差は基本的に存在しないこと，また第2点としてエクスパッツのステイタスを有するのは，決して海外勤務者全員ではないことである[6]。

日本人出向者の役割

日系金融機関が，なぜこうした「二重構造」を自らの中に内包しているのかを探るために，次に日本人出向者の役割について見ることにしよう。

まず，日本人出向者の割合である。この点投資銀行においては，従業員数1,000人弱のA社では6％，500人弱のB社では13％である。商業銀行では，従業員数400〜600名で日本人比率は13〜15％となっている。このことは，日系金融機関が規模に関係なく一定数の日本人出向者を必要としており，その結果大規模企業では出向者比率が低くなることを示唆している。ただしA社では，日本人出向者比率は全体では6％と低いが，エク

イティやインベストメント・バンキングでは日本人比率が高くなっている。他方，日系以外の投資銀行ではエクスパッツの比率は従業員数の1割程度である。

　ところで，これまで「日本人出向者」という言葉を当然の様に使ってきたが，「出向者＝日本人」というのは自明のことではない。実際，他国籍の企業では，企業国籍とエクスパッツの国籍は必ずしも一致していないのである(7)。今回対象となった4社の日系金融機関では，出向者は全員「日本人」である。

　では，「日本人」出向者はロンドンでどの様な役割を果たしているのだろうか。この点については，本社とローカル・スタッフの橋渡し（リエゾン）の役割を果たすことや，日本本社―現地法人という企業グループの中で，若手従業員の人材育成を行うことなどが指摘された。しかし，最も重要と思われる点は，現地法人がロンドン市場での「差異化戦略」のために日本人を必要としていることであり，各社共日本人出向者比率と「日系依存度」の間に強い相関が存在するのである。

　例えば，A社の日本人出向者比率の違いはまさにこの点に対応しており，エクイティ部門では日本人出向者比率が15％と高く，さらに日本人の部門長の直属の管理職の多くも日本人である。その理由は，エクイティ部門が扱うプロダクトが主に日本株なので，彼らは日本株を購入したい海外の日系ないしローカル機関投資家にセールスを行っており，その過程で本社の株式部門への対応を行うのは日本人出向者だからである。逆に，欧州株式を日系の機関投資家に販売する際投資家と接触するのも日本人である。即ち日本株という「プロダクト」や日系機関投資家という「顧客」が日本人をキー・ポジションに据えることを必要としている。この点は日系機関投資家の運用担当者に対する聴き取りによっても確認されている。つまり，日系投資銀行は海外株式を海外機関投資家に販売するという「外

外」ビジネスよりは，ECMでは日本企業の株式発行，エクイティでも日本株というプロダクトを重視することによってロンドン市場で他国籍の競争相手と自らを差異化するという戦略を採用している。その結果，日本株式を機関投資家に販売し（「内外」），欧州株式を日系機関投資家に販売する（「外内」）エクイティでは，主要なポストは日本人出向者で占められている。これはロンドン日系投資銀行におけるセールス，リサーチ等の職能のスキルとして，「言語」，及びそれに対応する国家や地域の「知識」が重要なためである。

また，A社のインベストメント・バンキング部門においては，日本本社の持っている日本企業との関係を活かしたビジネス，具体的には，日本企業の欧州進出に伴い既存の企業を買収するという「インアウトのM&A」サービスを強化している。こうしたビジネスは日本人の方が理解しやすいこと，また日本企業がユーロ・マーケットで株式や転換社債を発行する場合，案件のオリジネーションにおいては日本人の果たす役割が重要であること等が指摘された。日系投資銀行の「差異化戦略」を可能にしているのは，こうした日本人出向者の存在に他ならないのである。

以上は投資銀行であったが，商業銀行についても同じことが言える。特に商業銀行の場合，D社の様に本部機能において日本人出向者比率が際立って高くなっている。

以上の点をまとめて，本章を終わることにしたい。

(1) ロンドンにおける日系金融機関の人的資源管理は様々な面でロンドンのベスト・プラクティスに収斂しているが，ローカル・スタッフを対象にする部分に限られている。またD社の様に，敢えて現地企業とは対極の雇用慣行を採ることによって，他社と差異化しようとしている企業も見られた。

(2) 出向者の特徴として，全員が「日本人」であり，また彼らは「エクスパッツ」として本社ベースで職能資格制度によって処遇されている。この点，他の資本国籍の投資銀行では，海外派遣要員は必ずしも全員がエクスパッツではない。その結果，マクラガンのウェイジ・サーベイによって賃金が決められるローカル・スタッフとの間に，「二重構造」が存在している（**図表5－1**参照）。

以上のことから日本人出向者の存在が日系投資銀行の「差異化戦略」を可能にしており，表面上の制度とは裏腹に日本人出向者に関しては「日本的雇用制度」が巧妙に移転されていることが窺われる。

(3) こうした日本人出向者の役割は，「内外」，「外内」を重視するという企業の戦略によって規定されており，同一業種の中では日系ビジネスへの依存度が高い部門程日本人出向者比率が高くなっている。このことは，ロンドンのベスト・タレントの獲得を困難にして日系投資銀行のビジネスをさらに「内」志向にする可能性を孕んでいる。

図表5-1 ▶ ロンドンの日系金融機関における「二重構造」

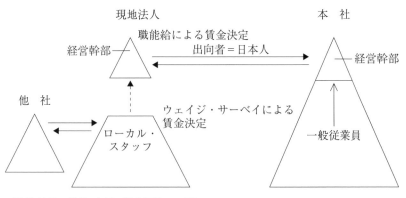

資料出所：八代（充）[2005], p.58。

注

(1) 日本的経営の国際移転や海外における日系企業の研究に関しては、石田[1985]，小池・猪木編[1987]，佐久間[1983]，島田（晴）[1988]，高宮（誠）[1980]，高宮（晋）＝サーレー（Takamiya, Susumu and Keith Thurley[1985]），チュルク（Turcq, Dominique [1985]），ホワイト＝トレバー（White, Michael R.M. and Malcom Trevor [1983]），等を参照のこと。

(2) これまで欧州における日系金融機関の人的資源管理について検討した研究としては，石田[1999]，第2章，がある。

(3) この点は，2004年6月に行ったA社ニューヨーク法人における取材で確認された。

(4) ある日系機関投資家のファンド・マネジャーは，筆者が2004年1月に実施した聴き取りに対して，日系投資銀行で日系の投資家を対象にしたセールス・セクション（ジャパン・デスクと呼ばれている）が存在することは，ローカル・スタッフを日本人顧客担当にしている所よりも，言葉の問題はもちろん，質問を投げかけた際に答えが迅速に返ってくるなど，メリットが大きいと述べている。

(5) 2006年7月にA社の東京本社で行った聴き取りによれば，A社の人事制度も職能資格制度である。

(6) 例えばある英系投資銀行の場合，エクスパッツ・プログラムの適用は会社人事の場合と本人選択の場合では異なり，一種のステイタスになっている。またロンドン在勤社員がアジア，米国，ヨーロッパに勤務する場合，住宅や税制等「エクスパッツ・パッケージ」が適用されるが，永続的なものではなく，次第に支給金額は逓減していくと言う。

(7) 注(6)及びこの点は，ロンドンでの英系，米系等他の資本国籍の投資銀行に対する聴き取り結果に基づいている。聴き取りの時期は日系金融機関に対するものと同様である。

第6章
東京における日系投資銀行の欧米化？
―投資銀行の「雇用制度間競争」(3)

はじめに

　本章では第4章に引き続き，東京における投資銀行の「雇用制度間競争」を検討したい[1]。

　第3章以降，資本国籍間の「雇用制度間競争」や，その結果として生じる収斂と差異化について検討した。この章では第3章以来「雇用制度間競争」の指標としているアングロ・アメリカン雇用理度を，さらに特定化する。投資銀行の業務は，大別して個人営業部門と法人営業部門とに分けられる。アングロ・アメリカンの基準では，両者はそもそも別の会社か，同一の企業であっても報酬体系は大きく異なっている[2]。他方日系では，第1章で説明をした様に，職能資格制度によって処遇は基本的に同一である。

　本章では，日系投資銀行の変化の指標として，①職種別採用の有無，②両部門間の人事異動，③報酬体系，という3つの側面から検討する。また，投資銀行の総費用中で人件費の占める割合は極めて高く，人件費の抑制が市場競争において決定的に重要である。この点については，①法人部門と個人部門の分離，②外部労働力の導入及び雇用調整，③職種別賃金制度の導入，④ボーナス比率の調整，といったものが考えられるが，各社の対応がどの様なものかを探りたい。

1　投資銀行における2つの部門

　この節では，調査結果の検討に入る前に，まず投資銀行という業態について確認したい。投資銀行とは，日本の都市銀行の様に自らのバランスシートを活用して他の企業に融資を行うことによって金利収入を得るという

よりは，投資したい企業と投資されたい企業の間にあって様々な助言やコンサルティングを行うことを収入源としている資本市場の「総合商社」であり，証券会社の法人営業部門の業務がこれに該当する。しかし，厳密に言うと「企業としての投資銀行」と「投資銀行業務」とは異なっている。

まず，「企業としての投資銀行」の中で資本市場を通じた企業の資金調達，プライマリー市場（発行市場）による資金調達を担当しているのが「投資銀行部門」である。この部門の仕事の1つは株式引き受け，即ち企業が新規に株式を公開したり増資をしたりする場合，企業に代わって買い手を見つけることである。また，民間企業のM&Aや政府の民営化等，コーポレイト・ファイナンスに関するアドバイザリー活動もこの部門の重要な仕事である。

これまで述べた投資銀行部門が，投資を必要としている企業を顧客にしているのに対して，投資したい企業を顧客にしているのが株式部門，債券部門である。投資家の委託を受けた資産運用会社は資本市場で株式や債券の売買を行うが，実際はブローカーを通じて売買を行っている。投資銀行が，ストック・ブローカーとも呼ばれる所以であり，株式や債券といった部門が顧客の注文を受けて売買を「執行」する。

ここで，本章の冒頭で述べた個人営業部門と法人営業部門との関係に注目する理由について述べることにしたい。伝統的投資銀行の業務に共通するのは，何れも個人でなく法人が顧客であるということであり，ゴールドマン・サックス，モルガン・スタンレー等欧米の「企業としての投資銀行」の基本型は，「投資銀行部門」であれ，株式，債券部門であれ，法人営業部門を対象としている。一部の例外を除いて，社内に個人営業部門は存在せず，個人営業を業務にしているのは別の証券会社である。

このことは，人的資源管理上次の帰結をもたらす。即ち個人営業部門と法人営業部門とは，同じ証券業務であっても別の職種であり，当然両者の

間には大きな報酬格差が存在する．また，同一企業内であっても投資銀行業務，株式業務，債券業務といった異なる業務では，部門別採用・職種採用を行い報酬体系も部門ごとに設定する，両部門の交流は頻繁ではないというのがアングロ・アメリカン雇用制度である．

他方日本の証券会社の特徴は，投資銀行業務と個人顧客を対象とする部門とが同一企業内に存在することである．日本的雇用制度は，新規学卒採用と定期異動，職能資格制度による処遇を基調としている．その結果，個人営業部門と法人営業部門との処遇に格差はなく，仮に個人営業部門と法人営業部門とが同一企業にあれば，当然両部門が人事異動の対象となるだろう．

従って，日系投資銀行における上記2つの部門の関係は，日系と非日系との違いや変化の方向性を見る上で適切な指標と言えるだろう．

2 事例調査結果の概要

以下ではこうした問題意識に基づいて，冒頭で述べた個人営業部門と法人営業部門との関係や人件費の削減方法などについて，東京の投資銀行5社の事例を検討しよう．資本国籍の内訳は日系3社（A社，B社，C社），米系1社（D社），仏系1社（E社）となっている[3][4][5]．

職種別採用

A社では2005年の制度改正でこれまでの「総合職」と「一般職」という職掌を廃止し，同一の職務に就くが転居の移転を伴う転勤がある「全域型」と，そうでない「地域型」に再編した．次いで，2009年には，破綻

した大手米系投資銀行のアジア地域，及び，欧州・中近東地域における一部の事業と社員を承継したことをきっかけに「グローバル型社員」を新設し，これまで本部でセールスやトレーディングといった市場部門や投資銀行部門に所属していた従業員の大半を「グローバル型」に移籍させた。「グローバル型社員」の処遇は，欧米の投資銀行に準ずるとされている。2009年段階では，約3,000名がスタッフ部門（経営企画），グローバルマーケッツ部門，インベストメント・バンキング部門に配属されており，そのうち7～8割の社員を今回の改正でグローバルスタッフに移籍させた。国内の社員で言うと，約2割が「グローバル型」に格付けられた。

　法人営業部門と個人営業部門が分社化されているB社はグループレベルで新卒採用を行うが，法人，個人のどちらに配属になるかは，入社前に知らされている。個人部門ではコース別採用は行っていないが，法人部門は限定的ではあるがアナリスト等の一部の業務についてコース別採用を行っている。

　銀行系であるC社では採用の中心は新卒の総合職だが，やはり投資銀行等法人部門の専門性の高い分野では，コース別採用も限定的であるが実施している。C社のコース別採用はあくまでも当初の数年であり，将来に渡り同部門で働き続けることを約束してはいない。

　その他，地域限定職のエリアコース，専門性の高い職種に導入されるプロ職等がある。プロ職は年俸制であるが，有期雇用ではない。プロ職のバックグラウンドは，外資を辞めて転職・途中入社する様な人材と新卒採用後に総合職から転換する人材とに分かれている。

　他方，非日系のD社，E社では職種別採用は行われておらず，契約社員等非正規雇用以外は単一の職掌で採用され，職掌の中はタイトルによってグレイドに分かれている。つまり，補助職の社員はグレイドの下位に格付けられる，日系の様な「一般職」といった職種が設けられている訳では

ない。また，通常転勤は行われないため，「地域限定職」という発想は存在しない。

両部門の人事異動

　A社のグローバル型社員は，主に投資銀行等法人営業部門で採用されており，部門間の異動は適用されない。「全域型社員」は国内部門が中心であり，本店，支店間を異動するこれまでの日本的雇用制度をベースにした制度となっている。「全域型社員」と「グローバル型社員」の転換については，前者から後者への転換は可能だが，その逆は認められない。市場環境が悪化した際，全域型に転換するのを防止することがその理由である。もっとも市場部門のデリバティブ等に支店出身の全域型人材を起用することは，例外的場合を除いて，まず起こらないだろうということである。

　B社では，法人営業部門と個人営業部門の会社を跨いだ異動を円滑に行うために，人事制度の大枠は共通にしている。法人，個人の間には人事交流があり，必ずしも独立したキャリア形成を行う訳ではない。ただし，一部の業務については高い専門性が要求され，配属が長期化している。個人営業部門に入社する総合職，エリア総合職については，基本的に全員が支店に配属され証券営業コンサルタント業務に従事することになる。

　C社では，法人・個人間で別の職掌を導入したA社や両者を分社化しているB社とは異なり，総合職の配置転換を最優先する姿勢を打ち出している。従って，総合職で新卒社員として入社した者に対しては，引き続き支店営業から始める制度となっている。本店業務と支店業務の両方を上手く機能させるために，コースが指定されていないオープンな職域で採用し続ける必要があるというのが，その理由である。コストの配分については，外資系のように部門別に見るような体制には必ずしもなっていない。

非日系2社については，D社は日本で個人営業業務を行っていない。E社においては法人部門とウェルスマネジメント部門（個人富裕層対象の営業部門）があるが，配置転換は原則行われず，両部門は独立に運営されている。

報酬体系

　A社のグローバル型社員の処遇は職務やポストに応じたものであり，賞与は業績で大幅に変動するとされている。「全域型」の場合は職務と職能の折衷であり，若年層はより職能・年次に基づく報酬体系，上位役職になる程職務を重視する傾向がある。ただし，実際の運用で両者の比率が厳密にフォローされる訳ではなく，ベース・サラリーはどの部署の責任者に就くかで決定される。マクラガンのウェイジ・サーベイには，以前から参加している。

　B社の総合職も，職務と職能の両方を勘案した制度である。A社と同様に，上位になる程職務中心となる。法人・個人間で報酬の基準は統一されているが，リサーチ部門等個人の業績や知名度が直接業務に影響する部署では，別の体系が適用されている。マクラガンのウェイジ・サーベイには，海外では参加しているが，国内では参加していない。

　C社では平成20年に従来の職務をベースにした人事制度を職能資格制度に近いものに，改定を行った。円滑な配置転換を阻害するという，職務主義の問題を考慮した上での決定である。給与水準は全社一律の職能等級で規定されているが，賞与については部門別に決定し，営業部門に配属されている社員には，実績に応じた支給をより機動的に行う。ベースサラリーはマクラガンを基本に，前職での金額や内部公平性を加味して決められる。

非日系の2社については，各タイトルに応じて給与レンジが設定される仕組みになっている。米系のD社では，これまで営業等のフロントとオペレーション等のバックオフィスで同一の報酬体系が導入されていたが，リーマンショック以降ボーナスの支給が制限されるようになった。その結果，フロント部門のベースサラリーを大幅に引き上げることになり，結果フロントとバックで異なる報酬体系が導入された。E社では，総額人件費は変えずにベースを上げてボーナスを下げるというのが最近の投資銀行のトレンドであるが，「両方共に上がる」というのが実情であると言う。

人件費の管理・削減方法

　日系投資銀行に共通しているのは，幾つかのコースを設定し，業務内容の違いではなく，キャリアパスの違いで異なる報酬体系を導入することである。総合職と女性を念頭に置く地域限定型総合職というコース別制度が，典型的な例である。国内支店の個人営業部門に配属されると，総合職も地域限定総合職も，個人に金融商品を販売する業務から開始する。前者は，その後転居を伴う転勤を繰り返し幹部候補生となるケースもあるが，後者は通勤可能な狭い範囲内でのみ配置転換が行われ，家庭の事情や勤務地に関する個人の希望が考慮されている。何れの日系投資銀行も，後者に対する基本給を若干低めに設定しており，総合職が中心的な役割を果たしていた報酬制度に比べて人件費削減効果が期待できる。
　さらに先に述べた通り，A社では，国内個人営業を中心とする「全域型」と，海外業務や大手法人業務を中心とする「グローバル型」とに分類し，報酬体系を別立てとしている。他方B社では，大手都市銀行と法人業務のみを行う合弁会社を設立したことを契機に個人営業部門と法人営業部門とを分離している。

各社に共通しているのは，同一企業，同一職種の中でも配属先の業務内容によって賞与支給額やその個人差を決定できる仕組みになっており，個人の業績が問われる業務に配置される社員については，業績次第で基本給総額を超えるような賞与を支給していることである。A社のグローバル型以外は，3社共総合職の報酬体系は，すべての部門において共通の職能資格制度で管理されている。しかし賞与については，部門ごとに決定する裁量を与えることで，従業員全体の支給額に影響することなく特定の部門における人材の引き抜き競争にある程度対応できる体制になっている。

　また，特別社員やプロ職と言われる中途採用中心の職種が存在するのも，全社共通の職能資格制度の枠の外で，総合職全体の給与水準を押し上げずに，専門技能を有する従業員を獲得するための仕組みであると言えるだろう。例えばB社では専門性を有する人材については，既存の等級制度で対応できない場合は特別専門社員，嘱託社員として契約することがある。ただし，同一年次の従業員の賞与格差はかつて5倍程度だったが，現在は最大60倍，従って現状は特別社員制度に大きく依存している訳ではない。C社にも，年俸数千万円のプロ職が120名ほど存在しているが，雇用の更新は当然のことながら実績ベースである。

　非日系企業では，人件費節約の基本はD社が述べている様に，仕事ができない人を雇い続ける余裕がないため今後も柔軟に対応すること，即ち雇用調整を行うことが中心である。しかし，この点は，最早日系でも例外ではない。「グローバル型」を導入して非日系企業に準じる報酬制度を導入したA社では，雇用保障についても弾力的な対応が志向されている。

3 考　察

　本章では，第4章に続き東京における投資銀行の人的資源管理の資本国籍間比較を行った。以下では，こうした調査結果に基づいて，「雇用制度間競争」とその結果として生じる雇用制度の収斂と差異化について検討することにしたい。

　第1に，日系投資銀行は日本的雇用制度を踏襲している。この点は両部門に単一の職能資格制度が適用されており，個人営業部門と法人営業部門が共有している労働市場が，日系は基本的に「企業内」であることから明らかである。他方，非日系企業が日本的雇用制度に収斂する気配は全く見られない。東京における投資銀行の人的資源管理の組織フィールドは資本国籍であり，インダストリー効果よりは，ホームカントリー効果が大きいと言えるだろう。

　もっともA社の「グローバル型社員」（即ち法人営業部門）は非日系企業に準じる処遇と雇用調整を志向しており，「企業外」と労働市場を共有している。従って，A社を見る限りは，産業のベスト・プラクティスであるアングロ・アメリカン雇用制度への「収斂」が生じている。

　第2に，個人営業部門と法人営業部門が企業内労働市場で共有されているB社，C社でも，特別職，プロ職を導入している。特にC社の場合，高額年俸で入社する社員に対しては，実績に基づく雇用の更新がなされている。

　ここからA社と，B社，C社の相違点は明らかである。即ち，A社は「グローバル型」によって正規雇用自体の弾力化を志向しているのに対して，B社，C社の場合は，正規雇用の雇用保障については従来の日本型を踏襲し，その外側に専門性の高い従業員を（B社は有期，C社は期間に定

めのない形で）配置している。これは，日本経営者団体連盟［1995］が掲げた「雇用のポートフォリオ」の「高度専門能力活用型グループ」に通じるものと言えるだろう。

　第3点として，個人営業部門と法人営業部門が企業内で共有されているいないにかかわらず，日系では両者を異なる給源から新規学卒採用で採用している。つまりA社ではグローバル型，全域型という職種別採用，B社は個人営業部門と法人営業部門の別会社化，C社では高い専門性分野における限定的職種別採用である。こうした採用方式によって，個人営業部門と法人営業部門とが企業内労働市場で共有されているB社，C社でも各部門のキャリアパスの専門化が志向されている。他方非日系の場合は，明示的な職種別採用を行う企業は存在しないが，個人営業部門と法人営業部門とは，企業内では労働市場は全く共有されていない。

　第4点として，日系では地域限定総合職など業務内容の違いではなく，キャリアパスの違いで異なる報酬体系が導入されているが，非日系にはこうしたコースは存在しない。

　第5点として，賞与の配分に関しては，日系ではより職務の内容によって格差の拡大が許容されている。これは人件費の節約であると同時に，格差拡大を通じてベストタレントの確保を志向したものであると言えるだろう。外資については，従来基本給に比べ賞与の比率が高かったが，リーマンショック以降は賞与の支払いが制限されているので，ベースサラリーを引き上げる方向にあると言う。雇用調整を弾力的に行うために他の人事制度をさほど必要としない非日系に比べ，日系では人件費の削減を雇用調整に委ねることが困難なために，上記2から5で述べた様々な施策を必要としているのである。

　以上の考察から結論として言えるのは，次の4点である。

(1) 日系投資銀行が，総体としてベスト・プラクティスであるアングロ・アメリカン雇用制度に収斂しているとは言い難く，従って，インダストリー効果は認められない。この結果は，第4章の調査結果と整合的である。
(2) 非日系投資銀行が，日本的雇用制度を組織フィールドとする気配はまったくない。従って，マーケット効果も認められない。
(3) その結果，東京市場における投資銀行の人的資源管理で最も重要なのは，ホームカントリー効果であり，その組織フィールドは資本国籍である。
(4) ただし，第4章の結果に付加すべきは，日系投資銀行の中でも差異が拡大しており，その一部は「欧米化」していることである。実際，A社ではインダストリー効果が重要であり，アングロ・アメリカン雇用制度への「収斂」が生じている。

ところでこれまで本書では，投資銀行を対象にして，ロンドンと東京の「雇用制度間競争」を検討してきた。ところで，序章で述べた様に，「雇用制度間競争」の結果は，日本が得意産業か不得意産業かでは，異なることが想定される。第7章では，日本的雇用制度の得意産業と考えられる自動車産業に視点を転じることにしたい。

注

(1) 本章は文部科学省科学研究費基盤研究B「複数レベルの組織フィールドからの人事制度分析」（平成24年度〜平成28年度）の成果を，筆者の観点からまとめたものである。共同研究者である須田敏子氏，山内麻理氏に記して御礼を申し上げたい。
(2) この点については，ラッパポート（Rappaport, Stephen. P.［1988］）を参照されたい。

(3) 本事例調査は，2010年の8月から12月にかけて八代（充），山内によって行われた。本書に先立ち，山内［2013］によって分析がなされており，本書の以下の記述は，同じ調査を筆者の観点からまとめたものである。
(4) 山内［2013］によれば，非日系が本国の制度を持ち込もうとしているのに対して，日系は新卒採用を労働力の給源とすることなど，前回調査同様資本国籍による差異が存在する。半面，日系3社の中で経営戦略や組織構造の違いを反映した多様性も拡大しており，日系・非日系間の差異が以前ほど明確でなくなっている。例えばグローバルな投資銀行を志向して破綻した米系投資銀行を継承した企業，法人部門と個人部門は分社化しており，どちらの企業に入社するかは入社前に決まっている企業，さらには投資銀行部門や市場部門の様に専門性の高い部門ではコース別採用も限定的に行っている企業などである。ただし，この事例ではコース別採用はあくまで当初の数年であり，将来に渡って同一部門で働き続けることを保証しているわけではない。

特に米系企業のアジア・欧州部門の人材を継承した事例では，日系では初の国内の主要拠点と海外拠点で処遇を統一したが，逆に国内では2つの異なる制度を持つことになった。新しく創設された国際業務を対象とした職掌では，非日系と同等の報酬を提供する代わりに，業績が低迷している者に退職勧奨を行うのも厭わない方針が打ち出された。日系投資銀行が日本で，しかも被買収ではなく買収によって自らの人事制度を変革しているという点で，極めて特徴的な事例であると言えるだろう。
(5) 調査対象企業の基本属性及びその概要は，**図表6-1**の通りである。

図表6-1 ▶調査対象企業の属性

	A社	B社	C社	D社	E社
資本国籍	日本	日本	日本	米	仏
従業員数	12,949	7,577	1,732	900	270
国内支店数	168	117	114	1	1

資料出所：山内［2013］, p.132。

A社は，大手日系投資銀行であり，リテール（個人営業）部門とホールセール（法人営業）部門を分社化せず総合的な証券業務を行っている。主要

部門は営業，資産運用，インベストメント・バンキング（以下投資銀行部門，株式の引き受けやM&Aアドバイザリーなど法人を対象にした証券業務），グローバルマーケッツ（以下，国際市場部門）である。

A社は2009年に破綻した大手米系投資銀行のアジア及び欧州・中近東地域における一部の事業と社員を承継した。

B社は，大手日系投資銀行であり，1999年に法人部門を分離して日系大手銀行と合弁会社を設立して以来，リテールとホールセール部門は分社化されている。2009年，この合弁会社のパートナーである日系大手銀行が，業績不振に陥った米系金融機関が手放した別の国内大手投資銀行を買収したため，B社とこの日系大手銀行の合弁会社は解消されたが，この事例調査の時点では法人部門と個人部門は別会社のままである。

C社は，日系大手銀行を中核とするフィナンシャルグループに属するが，この日系大手銀行が米リーマン・ブラザーズ破綻直後大手の米系投資銀行（後述のD社）に出資したことから，C社とD社の日本法人は，投資銀行部門のリレーションシップ・マネジメント（営業，以下RM）部門を共同で運営している。そのため，同部門にはD社から100人強の人員が出向しているが，彼らにはD社の人事制度が適用されている。また，フィナンシャルグループ中核の大手都市銀行からの出向者も500人程受け入れているため，C社には3つの異なる人事体系が存在する。本章では，主にC社で採用された社員の雇用制度を念頭に置いている。

D社は，米国を代表する老舗投資銀行の日本法人である。C社と同じフィナンシャルグループに属する大手都市銀行から出資を受けているため，日本における両社の投資銀行部門はRM部門を共有している。D社では，現在，約900名の社員を雇用しているが，その他100名強の従業員がC社の投資銀行部門へ出向し，事業法人部門において共同でRM活動を行っている。

E社は，仏系銀行の東京支店であり，日本では銀行と証券会社に所属するコーポレート・アンド・インベストメントバンキング部門と信託銀行に所属するプライベートバンキング部門がある。コーポレート・アンド・インベストメントバンキング部門では現在約270名の従業員を有する。リーマンショック前は380名が東京に勤務していたが，合理化のため株式のトレーディング業務を香港に集約し，東京のオペレーションは縮小された。

以下の記述は，山内［2013］，第5章に依拠するところが大きい。

第7章
自動車産業の資本国籍間比較

はじめに

これまで，本書では，同一産業・同一市場で競争している異なる資本国籍の企業による「雇用制度間競争」を通じて日本的雇用制度の将来像を考えてきた。その際ロンドン，東京と市場は異なるとは言え，考察の対象は投資銀行を中心とする金融機関であった。

本章は，こうした金融業の調査の延長線上に日本の自動車産業を対象にした「雇用制度間競争」を検討するものであり，従業員層の中で事務系ホワイトカラーを対象としている。第2章で検討した「資本主義の多様性」理論に従えば，金融機関の場合，日本的雇用制度は必ずしも産業の国際標準ではない。他方，自動車産業は，伝統的に日本的雇用制度が優位性を持つとされる産業であるが，産業全体が激しい国際競争にさらされている。また，純粋な日本企業から非日系と資本提携している企業，資本提携を解消した企業など様々であり，投資銀行と比較する上で相応しい産業であると言えるだろう[1]。以下では，第2章で検討した個別制度間の補完性を重視する制度経済学に基づいて事例調査の結果を検討することにしたい。

1　自動車産業の事例 [2][3]

1.1　A社の事例

A社は小型完成車メーカーであり，従業員数は330,000名（連結），うちA社（国内）が約70,000名，うち「事技職」（ホワイトカラー）が20,000名である。2012年段階では，870万台が海外生産，340万台が国内生産，ただし国内生産も半数が輸出対象である。

雇用の入り口については，新規学卒採用が中心である。若手を採用してA社の企業文化に沿った人材を育成することを基本方針にしている。事務系，業務職ではリーン（lean）な組織を指向して，採用は100名弱と抑え気味である。他方技術系は投資という意味合いもあり，400～500名体制である。中途採用は，事務系，技術系ともに年間10名前後である。

A社の雇用の基本形は長期雇用であり，海外においてもその方針は変わらない。労使の相互信頼のためには，長期雇用が不可欠である。そのために配置転換も受け入れてもらい負担も強いるが，「同じ船に乗っている」というマインドセットを重視している。

人事制度は，国内は職能資格制度である。職能資格として7等級，賃金等級として12等級がある。管理職は基幹職3級以上であり，役職で言うと室長，グループ長，主幹に当たる。大卒社員は基幹職3級には最短で36才で昇進し，ここまでは数年のうちにほとんどの人がなるような制度となっている。最初の選抜はその下の主任職で始まり，第一選抜の社員は30歳で主任に昇格する。第一選抜は約3割の社員が該当する。長期雇用を前提としていることから，若年層については徐々に差が付く昇進体系が採用されている。

昇級と昇進については，先ず昇格，それから実際にラインのポストに就かせるという順序が多い。ただし，部長クラスになると基幹職1級に昇格させる際に，彼らに何をやらせるか（つまり，どのポストに就かせるか）ということを意識して昇格させるので，上級職になると職務主義的視点も考慮される。

A社では，グループのコア人材を本社人事部で管理している。コア人材は日本の職能資格制度（7等級，12賃金グレード）のうち基幹職1級に相当する社員となる。現在650名のコア人材（国内の職能資格制度の基幹職1級＋国際グレイドのK1）のうち100名が海外の人員である。彼らは

各国の賃金グレイドに基づき報償されているが，コアポストに就くと日本の職能資格制度の枠組みに当てはめられ，K1（基幹職1級）人材に組み入れられる。ポストで言うと北米統括会社の社長（従業員数500名程度），K2は北米の主要工場長や上記統括会社のVPである。

K1に認定されるには，本社人材開発部の基準に達する必要がある。K2に相当する人材であっても，本社人材開発部で名前を把握して人事に関与することがあるが，彼らの大多数はローカルで認定され，正式には本社が認定しているのではない。ちなみに，コア人材の正式社内名称は「グローバル人材」であり，いわゆるハイ・ポテンシャル・ピープルではない。既にコアポストに就いている人材をグローバルレベルで管理するという位置づけとなる。

現在グローバルサクセション・コミティで，各本部長を交え将来のグローバルリーダー候補を議論している。ただし，一般層のモチベーションとの兼ね合いで，早期選抜には慎重である。将来のトップ層，専門性を追究する層などが分化するのは40代以降である。

賃金は，非管理職層では，職能個人給と職能基準給で構成され，前者は積み上げ部分に当たるため入社年次が反映されやすい，実質年齢給部分である。後者は賃金等級別定額なので，同期入社でも昇進の早い社員とそうでない社員との間に差が生じる。管理職層については資格給（シングルレート）と個人給に分かれるが，前者は所属する賃金等級で決定され，後者は個人別の年俸に近く，毎年洗い替えされるため，減給も有り得る。

賞与については，主任以下は自分の月例給と妥結した月数（比率）を乗じた金額＋会社業績で決められる。基幹職には，会社業績で決まる月数に加え，等級と評価のマトリックスが適用される。等級自体が，個人のこれまでの昇進スピードを反映したものであり，それに評価が加味されたマトリックスが適用されることで個人差が出る。金額は，組合員の場合，基本

給の6～7カ月分，管理職は8カ月分程度である。加算給（変動給）は，組合員では夏冬平均各100万円程度の賞与のうち30万円程度である（1年単位で言えば，200万円程度の賞与のうち60万円程度の範囲）。1回では85万～95万～105万～115万円（1年で言えば一番下が170万円，一番上のクラスが230万円程度）と，10万円刻みで上下30万円程度の差がつき，比率で言えば一番上と一番下で30％程度の差となる。管理職であっても個人差は同額であり，支給額の絶対額が大きい分，個人差の比率が小さくなる。

定年年齢は，60歳である。役職定年は，部長クラスが57歳，室長クラスが55歳である。グループ長の役職定年は廃止された。役職定年後は全員がスタッフ職となり，給与は半額になる。部長まで昇進した人は，役員クラスとして取引先や関連会社に出ることが多いが，このクラスについては報酬を下げないことを前提にするとポストが限定されるので，必ずしも全員に相応しいポストを提供できるわけではない。グループ長については，社内で継続して仕事をする人が多い。

1.2 B社の事例

B社は，バス・トラックの生産およびA社からの受託生産を行っている。1950年代には，大型車両の有力メーカーに成長した。その後欧州系資本の技術供与を受け，ノックダウンで小型車生産を手掛けるが，1966年のA社との提携強化の後再びトラック，バスの生産に特化，2001年にA社の出資比率が過半数を超えて連結子会社になっている。

正規従業員数は，12,000名，期間工・嘱託・応援を含めて15,000名である。地球規模では，連結ベースで従業員数23,000名。売上に占める輸出，海外生産の割合は7割～8割である。

新規学卒採用と中途採用の割合は，リーマンショック前は2000年前後のトラック不況の後の隙間の世代を埋めるため中途採用に積極的だったこともあり，6：4の時もあったが，現在はおよそ新卒採用80名，中途採用20名である。中途採用は6：4で技術系が多い。
　その他生産工程では，期間工からの登用が行われている。近年は50～60名，多い時は150名程度である。
　B社は職能資格制度を採用しており，管理職層，非管理職層を合わせて計9つ，そのうち管理職（即ち非組合員）の等級は，3等級である。1990年代に職能資格制度を導入する以前は，完全年功給だった。22歳から60歳までを9階層に切り分けるのは，ハードルの数として適当である。各等級に資格要件を定めた一般的なもので，事務系の課長層以上には年俸制が適用されている。これは，人材獲得競争というよりは，1990年代後半に議論された総額人件費の観点から導入された。社内文化もあり，業績評価はドラスティックなものではない。各資格の滞留年数は，各資格と課長級の第1選抜年齢という2つの観点から設定されている。第1選抜年齢は，35歳（ただし，資格上の課長格）である。大卒社員の8割が，定年までに課長格まで到達しているのが実情である。
　昇進・昇格に関しては80年代以前は年功制の色彩が強かった。80年代になると課長相当資格に第1選抜で昇格するのは3割程度となり，現在同期の1割程度，その年齢は35歳程度である。第1選抜の割合が低下したのは，上位年次の未昇格者が滞留しているためであるが，未昇格者への配慮と第1選抜の昇格率を維持することは，二律背反である。また，課長格に「昇格」することと「課長職」に就任するかどうかは，別の問題である。これについては，社内にはライン長以外にも様々な稼ぎにつながる仕事があり，可能な限りこうした仕事を任せたいと考えている。
　なお，ハイ・ポテンシャル・ピープル等のタレントマネジメントは導入

していない。必要がない，逆に社内的に「さざ波」が生じることが懸念されるというのが，その理由である。

賞与は，一般職は基本給の平均の6カ月（2カ月は固定，残りは期間業績），また管理職は基本給の平均の6カ月（1カ月は固定，残りは期間業績）である。年収にすると，40歳程度で800万円から1,100万円くらいまでのばらつきが生じている。

役職定年年齢は58歳である。ただし，役割給部分が大きい訳ではないので，58歳での給与減少幅はそれ程大きくなく，60歳定年時に大きく下がるような仕組みとなっている。転籍前提の出向が始まるのは，50歳代後半以降であるが，人材は限られているので，金融機関の様に「減らすための出向」が行われることはない。基本原則は，関連企業から請われて営業系や財務系の役員に就任するというものである。ただ社内の人材も決して潤沢な訳ではないので，依頼があっても成約しないこともある。

1.3　C社の事例

C社はA社の開発部を前身とし，現在もA社のグループに属している。1949年の創業以来，A社を中心に自動車用電装部品を拡販し，現在では世界の主要なメーカーに製品を供給している。

従業員数はグループで約126,000名，単独で38,000名程度である。うち，海外拠点の従業員は約50％程度で，売上高に占める海外比率も，同じく50％程度である。A社の持株比率は22.55％である。

ちなみに，国内単体従業員数38,000名のうち35,000名が組合員，ホワイトカラー3,000名のうち管理職比率は30％程度である。

採用は新規学卒採用中心だが，例年，300名の新卒採用に対して100名のキャリア採用を行っている。従って，絶対数で見るとキャリア採用が少

ないわけではない。彼らは技術系が多く，自動車の機能や技術の進化に応じて必要となる新技術を持った人材である（電気やIT系が多く，例を挙げると家電や電力出身者の候補者が多い）。留学生や外国人を積極的に採用する方針はあり，ボストンキャリアフォーラムにも参加している。新卒採用者300名のうち留学経験者が10名，外国人が10名程度である。職種別採用は技術系で若干行っているが，文系では実施していない。

役職定年年齢は55歳である。55歳で原則全員の役が解かれ，社内に残る社員と関連会社に転籍する社員がいる。高齢者雇用については60歳の定年後，65歳まで一定の条件で再雇用する制度がある。なお，好調な自動車（部品）産業だからと言って，余剰人材が全くないことはない。例えば検査等類似した製品ラインごとに同じ機能を受け持つ人材がいるが，狭い商品群だけ担当するため業務にスケールメリットがなく問題視されている。今後は，一人で両方のラインを見る等多能工化を図りたいが簡単ではないと言う。

賃金・資格制度については，マネージャー級が4ランク，その下が5ランクと大卒で入社すると役員になるまで9ランクがある（ブルーカラーと事務職を入れると11ランク）。これは各事業部共通であり，文系も理系も共通である。人事制度は典型的な職能資格制度であり，職務給の発想はない。ただし，管理職層のM3（課長級）以上には多少の役職手当が付く。キャリア採用（20代，30代が多い）についてもこのランクのどこかにあてられ，ランク内の処遇を受けるため，年俸制の社員はいない。

賞与はおよそ給与の5カ月分である。成績上位者であっても6カ月も出ない程度である。海外拠点のランクは各地で異なるが，本部のランクとの紐づけは行われており，幹部については，A（=M1），B（=M2），C（=M3）と大まかな制度統一はなされている。

昇進・昇格に関しては，かなり緩めているとは言うものの，年次管理が

存在する。M3 で 37 歳が第一選抜（20 ～ 30％）。ラインの課長，ないしは担当課長見合いの資格である。滞留年数は，以前はあったが現在は基本的に存在しない。

職能資格制度の M3，M2，M1 への昇格は，各事業部からの推薦を人事部がスクリーニングするような体制となっており，インタビューやケースを通じたアセスメントを行った上で昇進させる。インタビューについては外部者に依頼することもある。「各グレイドに何歳から」という基準は今でもあるが，毎年の昇進が「年次の○％」という基準は撤廃する方向であり，逆転人事は珍しいことではなくなっている。M3 が 37 歳からというのは以前から変わっていない。ただし，ライン課長というより担当課長が多くなっている。以前はポストに比べて人が足りなかったので昇進年齢は速かったが，最近はポスト不足なので担当課長への昇格が多い。今後は一層ポスト主義となり，ポストの裏付けなく昇格することは難しくなるだろう。従って昇進・昇格に代わるモチベーションを用意することが必要であると言う。

配置転換は，特に M1，M2 になるような人材にはローテーションが義務づけられている。海外勤務の経験も必須となる。ただし，異なる事業部間の転勤は（上層部になるまで）限定的である。また，コーポレートセンターと事業部間については，例えば，ある事業部で原価計算をやっていた社員が人事のマネジメントになるような配置転換がしばしばある。

C 社では，グローバル・リーダーシップ・プログラム（以下 GLP）というタレントマネジメントでランクに応じた人選のプロセスが決められている。現地法人のリーダーは，現在は日本人が大多数であるが，本来は現地国籍のリーダーが望ましい。業務をアサインし，育成，登用に結び付けるために，2002 年に導入された。M2，M3 については，コーポレートレベルの人事で行うが，それ以下は地域や事業部ごとに行う。海外の社員に

ついても，幹部候補生の人材プールは本部へ報告され本部でも管理されている。

GLPを行うための人事制度が，社長，副社長等の海外現地法人の幹部を対象にしたグローバル・グレイドであり，A～Cの三段階に分かれている。ヘイ（Hay）のペイ・グレイドをC社のグレイドにアレンジしたものであり，各グレイドの人数は，Aが現地法人の社長，副社長（70名），Bが現地法人の部長（次長）以上層（200名），Cが部門長，経営幹部，拠点長（400名）となっている。A，B，C合計670名のうち，日本人の割合は70％である。

日本国内のグレイドは職能資格制度が基本であり，日本人が海外で就任するポストはA，B，Cと格付けされてはいるものの，彼らの処遇はM1，M2など日本の資格がベースとなる。ローカル・スタッフにもA，B，Cというグローバル・グレイドに加えて，各国ごとのペイ・グレイドあり，それぞれの人の処遇（報酬）は，そのローカルなグレイドで決定されるということである。

1.4　D社の事例

D社は小型完成車メーカーであり，1970年代から米国資本傘下にあり，出資比率も最大で3分の1を超えていた。しかし，リーマンショック後の米国自動車業界の不振で，2010年にはかつて3分の1を超えていた株式は3.5％を残して売却された。

従業員数は約40,000名，うち海外は4,000名程度で販売部門が中心である。年間生産台数は120～130万台で，80％が海外向けである。今後はこれを90％まで高める予定である。

採用の基本方針は新卒内部育成であり，中途採用市場は余り大きくない。

2013年の新規学卒採用は文系が10名，技術系が50名である。米系資本傘下の時代の職種別採用は，優秀な人材の採用には結びつかないということで，現在は行われていない。

　賃金・資格制度については2002年から職務給を導入している。ただし，厳密に言うと職能給との中間的運用となっており，同じ職務だから同一の等級という運用をしている訳ではない。

　大卒以上の等級の数は8ランクであり（非管理職4，管理職4），技術系，文系どの職務も共通である。管理職層の1等級～4等級の幹部社員は，年俸制適用対象である。

　賞与変動給の基本給に対する比率は，「業績の良い社員」で基本給の半分程度（12カ月に対して3～6カ月）である。ただし，賞与支給水準は労使交渉を前提に決定されるので，従業員個々人の成績とは直接の関係は有しない。個人の賞与支給額は，上記の水準をベースに，「賞与支給額＝本給配分額（75％）＋成績配分額（25％）」という原則に基づいて配分される。

　課長昇進は，米系の資本参加前は15年が最短でそれから5年以内に昇進する人はしていた。現在は早い人は11～12年で昇進するが個人差も大きく，入社20年以上の昇進も多々ある。年次管理は一切行っていないので，若い社員も含めて昇進に個人差があるのは当然という文化は根付いている。入社10年で課長，30代で役員を輩出するというのが狙いだったが，90年代中間は経営不振で94年から96年まで新卒採用を控えていたこともあり，その効果について現時点で判断する状況ではない。

　最近はマネージャーになる前の人材をマネジメント育成の一環として幅広い知識と経験を積ませるために意図的に配置転換させるような制度がある。これはかつてのような大勢を配置転換させるという発想に比べて，より目的が明確であり，あくまでも一部のハイ・ポテンシャル・ピープルを

育成する目的で行っている。D社には人材開発委員会があり，幹部候補生は，本人には知らせないが，委員会で選抜し，意識的に幹部候補生として育成している。

1.5 E社の事例

E社は小型完成車メーカーで，従業員総数はグローバルで約192,000名，うち日本は，約92,000名である。2011年時点で世界の販売台数は485万台であり，そのうち86.5％が海外である。E社は欧州系の資本参加を得ており，出資比率は40％超である。

採用管理は，日本国内は毎年技術系を中心として200～300名の新規学卒採用を行っている。うち250名が理系，50名が文系である。他方，中途採用は200名程度である。

E社では，2010年～2011年に大幅な人事制度改革が行われた。その中核が，グローバル・タレントマネジメント（以下GTM）である。GTMにおいては，世界の主要ポストはノミネイション・アドヴァイザリー・カウンシル（Nomination Advisory Council，以下NAC）と呼ばれる組織で承認される必要がある。NACの構成員は経営幹部と人事であり，コーポレイトNAC（Corporate NAC），グローバル・ファンクショナルNAC（Global Functional NAC），ファンクショナル・リージョナルNAC（Functional/Regional NAC）という3段階で構成される。

コーポレイトNACが管轄する主要ポストは200程度，その下のグローバル・ファンクショナルNACが数百名のポストを管轄している。それぞれのレベルに応じてNACのメンバーが異なり，コーポレイトNACでは最高経営会議のメンバーや人事部門のヘッド自らが任命に当たる。上記ポストの候補として，社内からHPP（ハイポテンシャル・ピープル）と呼

ばれるタレントが登録される。HPPは3段階で構成されている。一番下（Emerging HPP）は，年齢的には30代が多くなっている。

またGTMの一環として，若手幹部候補として世界の一流大学MBA取得者等をローテーション・ディベロップメント・プログラム（Rotation Development Program）というプログラムの下で採用する制度がある。ここで採用された人材は5年間で地域や機能を越える数回の異動を繰り返しながら，複数の部門を経験する。5年経過後管理職ポストにファストトラックで配属するが，レベルに到達していない場合，ノーマルトラックに戻るか，或いは退職に至ることもある。

HPPであることは，本人にフィードバックされていない。また上司にもフィードバックされていない。ただ，HPPのランクに応じて，上司，或いは上司の上司に伝えるケースがある。

人事制度は役割等級であり，管理職はN2（課長級）とN1（部長級）の2ランクの中に，各々貢献段階による4区分がある。非管理職については3つのキャリアコースを選択する様になっており，テクニシャン型が5段階，それ以外は3段階から構成されている。

賃金については，全員に年俸制が適用されるが，それ以外に賞与が支給される。変動部分は，コミットメントとターゲットの達成具合によって，支給額（支給％）が決められる。コミットメントはそれぞれの業務における合格点，ターゲットは努力目標という位置づけである。変動部分比率は地域で異なり，日本においては変動部分が比較的抑えられており，年俸額を上回ることはない。

定年年齢は60歳，役職定年制は近年廃止されている。

昇進選抜は，部門人事とNACにHPPの候補者を提案するキャリアコーチの協議によって行われる。上位の階層程，「部門の人材」というより「コーポレート人材」の色彩が強い。最短昇進年数の目安がある訳ではな

い。実例としては，N2 が 20 代から 30 代，N1 が 30 代。最年少で中途採用の 20 歳代の N1 がいた。30 歳は，HPP が発掘され，N 層に昇格する社員も出るという境目である。

1.6　F 社の事例

　F 社は二輪車及び四輪小型完成車メーカーで，従業員数は連結ベースでグローバルでは 204,700 名，(2014 年度)，日本では 65,800 名となっている。四輪車の生産実績は，国内 73 万台，海外 381 万台である。

　採用管理については，本社で採用する大卒以上は新規学卒者が理系・文系込みで約 400 名，中途採用が 200 名程度である。グローバル採用は 2013 年度が 15 名，2014 年度が 15 名，2015 年度は 17 名である。それ以外に各工場で採用する高卒・高専卒が 200 名程度となっている。

　採用は，新規学卒者については人事部門が主導するが，技術者については本社人事部の「分科会」である研究所（別会社）の人事部門が行う。理系主体なので，専攻はある程度反映されるが，必ずしも大学の専攻通りの配属になるわけではない。人事部門が決定するのは大枠の配属であり，後は現場に任せている。

　F 社では，本社人事部主導の定期的な配置転換は行われていない。年 1 回面談があり，そこで本人の希望を表明できる様な制度になっている。その際，（年齢にもよるだろうが）「背番号」が人事であったとしても，永久に営業に出ることもあれば一時的に営業を経験して人事部門に戻ることもある。

　人事制度は職能資格制度であるので，能力に応じて昇格が行われるが，任用すべきポストの有無も当然考慮される。職能資格制度の等級は，管理職 3 等級，非管理職 5 等級である。学歴別に採用人数の目標値は存在する

が，等級・社員区分は学歴や職務にかかわらず1本である。ただし，配属された仕事による仕事の達成度を反映して，昇進・昇格・昇給スピードは事実上学歴別に行われている。

昇進選抜については，「4年で給与格差，6年で昇格格差」が生じる仕組みとなっている。最初の役職であるチーフ（事務）・指導員（技術系）に最短の27～28歳で到達するのは，同一年次の10%または20%程度である。ただし，彼らが次のハードルである主任・技術主任に昇格する際も引き続いて第一選抜かというと，それは全く別問題である。常に洗い替えが行われる制度となっており，同期が，主任，主幹になる30歳代半ばに逆転現象が生じている。

賃金制度であるが，基本給も業績給も等級とその年の評価に応じた基準額があり，人事考課に従って変動する。一定職能資格以上は，基本給は変動しないものの加給は上下する。

他方，主幹以上の管理職になると給与は年俸制である。ただし，完全年俸ではなく，月例給与部分と賞与部分とに分かれる。月例部分は，前年度実績に基づいて等級ごとのテーブルで決められる。賞与部分は，等級ごとの基本額に個人業績や会社業績を加味して金額が変動する。固定部分：変動部分の割合は，6：4である。

現在定年年齢は60歳であるが自動車の場合，転職する非日系企業もないことから，基本，ほとんどの従業員が定年まで働き続ける。定年到達者のうち5～6割が再雇用されるが，今後定年年齢を65歳まで延長する方向で議論を行う予定である。延長後は，給与の削減幅が減るので60歳を過ぎても働く人の比率は上がるだろうと予想している。役職定年制は存在しない。以前は，年齢ではなく，あるポストに到達してから昇進せずに一定の年数を経た者については役職離脱制度があったが，現在は廃止されている。また，金融機関の様に，人事部門が主導して高齢従業員を社外に転

籍させることはしていない。

海外現地法人の社長クラスは、グローバル・グレイドで紐付けされ、本社のグレイドとも整合性が付く制度となっている（ただし、このグレイドは全社員に公表されておらず、経営陣が共有しているだけである）。F社はタレントマネジメントを行っており、地域でタレントに選ばれた人材から、本部で管理するグローバルタレントが選ばれる。グローバルタレントには研修や計画的な配置転換が行われている。

2 考察

本章では、特に個別制度間の補完性を重視する制度経済学の知見に基づいて、自動車産業の雇用制度を検討した。

まず昇進管理は資本国籍による差が大きく、欧州系の出資比率の高いE社では、早ければ20歳代で部長に昇進しており、賞与の業績連動部分も大きい。他方、日系は課長昇進の最短は35〜36歳、賞与制度の業績連動部分は3割程度である。タレントマネジメントについても、日系はあくまでも役員層の育成に重点が置かれているのに対して、非日系のE社ではキャリアの早期から選抜が行われている。「元米系」であるD社は、昇進年齢は「純日系」より若干早いが、賞与の個人業績連動部分は明らかに日系より大きく、日系と非日系の中間に位置していると言えるだろう。さらに人事制度を見ると、日系は職能資格制度、非日系は職務給、役割給と分かれている。こうした個人業績と賞与との関係が投資銀行に比べて大きいか否かは、一概に言うことはできない。

以上のことから、日本的雇用制度の大幅な変化を示す事実も、逆に非日系が日系に収斂することを示す事実も確認されなかった。従って投資銀行

と同様，自動車産業においても，インダストリー効果よりはホームカントリー効果がより顕著であると言えるだろう。

　次に制度経済学に従って，雇用制度内部の制度的補完性を検討すると，新規学卒採用が中心である日系では年次に基づく昇進が行われており，賞与の個人業績による格差は大きくない。他方，新卒依存度の低いD社では両者共にその格差は大きくなっており，雇用の入り口が内部管理と密接に関係している。

　ところで，雇用期間・雇用保障を雇用制度の「外枠」，配置・昇進や賃金・賞与を雇用制度の「内枠」とすると，自動車産業を典型とする「日本的雇用制度」の得意産業では，雇用制度の外枠として，企業側は定年までの雇用保障を行うことが一般的である。こうした雇用保障を「長期雇用」と呼ぶとすると，第1章で述べた様に本来「長期雇用」の下では従業員のモチベーションに配慮して，処遇格差は徐々に拡大することが望ましい。早くから格差が拡大すると，「敗者」が長期間に渡り低い労働意欲のまま企業に留まりかねないからである。従って，E社で行われている昇進管理における早期選抜や賞与の個人業績部分拡大という変化は，制度的補完性という観点からは，外枠としての「雇用の出口」（即ち雇用調整）に影響を与えざるをえないと思われる。

注

(1) 本章は文部科学省科学研究費基盤研究B「複数レベルの組織フィールドからの人事制度分析」（平成24年度〜平成28年度）の成果を，筆者の観点からまとめたものである。共同研究者である須田敏子氏，山内麻理氏に記して御礼を申し上げたい。

(2) 本事例調査は，2012年8月〜2016年3月にかけて八代（充），山内によって行われた。

(3) 自動車産業の雇用や労使関係については，例えば石田・富田・三谷［2009］を参照されたい。

終章

これからの日本的雇用制度
―同一産業・同一市場における
　「雇用制度間競争」から示唆されること

本書ではホワイトカラー・管理職層を対象に，同一産業・同一市場における「雇用制度間競争」の観察を通じて日本的雇用制度の将来像を検討した。

　本章の最初に次の点を再言しよう。そもそも，なぜ「同一産業・同一市場」なのか。一般に市場で企業間競争が行われる場合，その対象は生産物市場やサービス市場には限定されない。同一産業，同一生産物市場で競争する企業は，共通の給源から人材を調達しており，生産要素市場である労働市場でも人材獲得競争を展開している。そして，人材獲得の手段としては，人的資源管理や雇用制度が重要である。もちろん，こうした人材獲得競争は日本企業同士でも行われているが，**本書では，投資銀行や自動車産業といった同一産業，そしてロンドン，東京（日本）という同一市場における日本企業と非日系企業，特にアングロ・アメリカン企業の「雇用制度間競争」に焦点を当てた。**

　次に調査対象であるが，「同一産業」としては投資銀行と自動車産業を，「同一市場」としてはロンドンと東京を対象として，資本国籍間の「雇用制度間競争」が日本的雇用制度を「アングロ・アメリカン化」させるか，或いは日本的雇用制度が日本的雇用制度であり続けるかを検討した。調査対象として投資銀行と自動車を選択した理由は，「資本主義の多様性」理論に従えば，前者は日本的雇用制度が得意産業ではないのに対して，後者は得意産業であり，従ってこの2つの産業を取り上げることは，日本的雇用制度の将来像を考える上で理論の要請に叶うものだからである。

　また，ロンドンと東京を資本国籍間比較の「同一市場」としたのは，前者が資本主義の多様性理論で言う所のLMEに属するのに対して，後者はCMEであるから，日本的雇用制度を国際比較の枠組みに従って検討するには誠に相応しいからである。**本書では，「雇用制度間競争」に関して①進出先のベスト・プラクティスを組織フィールドとするマーケット効果，**

②進出元のベスト・プラクティスを組織フィールドとするホームカントリー効果，③当該産業のベスト・プラクティスが組織フィールドであるインダストリー効果，の何れが優勢かを，ロンドンと東京各々について考察した。

以下では，各章の要約の後，日本的雇用制度の将来像に関して①国内における存続可能性，②海外における移転可能性，という2つの側面に分けて検討しよう。

本書の要約

以下では，本書の各章を要約したい。まず第1章では，本書のテーマである日本的雇用制度を概念規定した。日本的雇用制度の外枠は，長期雇用である。**ここでは，長期雇用を「従業員の転職行動如何にかかわらず，新規学卒採用と中途採用とを問わず，企業が正社員として採用した従業員に定年まで雇用を保障すること」であると定義した。**

こうした長期雇用を「外枠」とする日本的雇用制度の「内枠」は，新規学卒採用や年次管理，人事部門による人的資源の配分や部門間ジョブ・ローテーションなどであるが，これらを束ねているのが職能資格制度である。一般に，昇進管理は「昇格先行・昇進追随」であるが，役職昇進はラインの意向が重要であるのに対して，昇格管理は「同一年次の〇％を昇格させる」という形で人事部門が主導する。

第2章では，本書の枠組みを提示した。本書では，同一産業・同一市場における資本国籍間比較を通じて「雇用制度間競争」を明らかにする。企業は，生産物市場で競争するのみならず，同一産業・同一市場における労働市場でも人材獲得競争をしている。この場合「同一産業」とは，ある場合は日本的雇用制度が属するCMEにとって「得意産業」であり，ある場

合はアングロ・アメリカン雇用制度が属する LME が得意産業（日本的雇用制度は「不得意産業」）である。「同一市場」についても，日本の労働市場で競争することもあれば，LME のロンドン市場で競争する場合も当然あるだろう。**日本企業が人材獲得競争で生き残るために産業におけるベスト・プラクティスに収斂するか，或いは日本的雇用制度であり続けるかどうかは，こうした（産業×市場）のマトリックスを検討することによって明らかになるだろう。**

　第3章では，ロンドン市場の投資銀行の人的資源管理を資本国籍間で比較した。第2章で述べた様に，投資銀行は「資本主義の多様性」理論に従えば不得意産業に位置づけられる。投資銀行を包含する金融機関はアングロ・アメリカン諸国の LME 諸国に優位性があり，しかもロンドンは，文字通りのアングロ・アメリカンの市場である。従って，**ロンドンにおける「雇用制度間競争」を取り上げることは，日本的雇用制度が「（産業＝日本（CME）は不得意産業）×（市場＝ロンドン（LME））」という環境の下で，どの程度移転可能であるかを明らかにすることに他ならない。**

　事例調査を見ると，外部労働市場を重視した人材の獲得，処遇とは必ずしもリンクしていないジョブ・タイトル，ウェイジ・サーベイに準拠した賃金決定といった「外部公平性」が投資銀行の雇用制度の最大公約数として抽出された。そして日系では「外部公平性」を重視するアングロ・アメリカン雇用制度を組織フィールドとしており，日本的雇用制度をロンドンに移転している企業は皆無だった。このことは，ロンドン市場では，「マーケット効果＝インダストリー効果」であることを示している。

　第4章は，調査対象をロンドンから東京に移して，引き続き投資銀行の資本国籍間比較を行った。第3章との対比で言えば，この章で取り上げたのは「（産業＝日本（CME）は不得意産業）×（市場＝東京（CME））」という環境の下での「雇用制度間競争」の行方であった。ロン

ドン市場は「マーケット効果＝インダストリー効果」だったが，「雇用制度間競争」は，「マーケット効果＝インダストリー効果」である場合とマーケット効果とインダストリー効果が独立である場合で，如何に異なるだろうか。本章ではこの点を明らかにするために，調査対象を LME のロンドンから CME の東京に移して，引き続き投資銀行の人的資源管理，特に賃金管理を検討の対象とした。

　事例調査の結果，アングロ・アメリカン雇用制度への収斂が見られたロンドン市場とは異なり，①部門完結型（米系），②部門プラス人事部門混合型（欧州系），③人事部門主導型（日系），という注目すべき差異が存在した。ロンドンと東京の相違点は，前者では日系投資銀行が「外部公平性」を重視するアングロ・アメリカン雇用制度を，自らの組織フィールドとしたのに対して，後者は産業のベスト・プラクティスであるアングロ・アメリカン雇用制度ではなく，日本的雇用制度を自らの組織フィールドとしていることである。

　ここから，東京の日系投資銀行では「マーケット効果＞インダストリー効果」であるが，他方非日系は，マーケットが東京であるとは言え，日本的雇用制度を「組織フィールド」とすることは決してない。非日系投資銀行にとっては，「インダストリー効果＞マーケット効果」，或いは「ホームカントリー効果＞マーケット効果」なのである。

　第 5 章は，一旦資本国籍間の比較を通じた「雇用制度間競争」から離れて，ロンドンにおける日系金融機関の人的資源管理を取り上げた。日系投資銀行は，ロンドンのベスト・プラクティスに適合していると第 3 章で述べたが，正確にはそれはローカル・スタッフを対象にした部分であり，日本人出向者は「エクスパッツ」として，本社ベースで職能資格制度によって処遇されている。日本人出向者とローカル・スタッフとの間には，「二重構造」が存在しており，表面上の制度とは裏腹に日本人出向者に関して

は日本的雇用制度が巧妙に移転されたことを示唆している。

　第6章は，再び東京における投資銀行の「雇用制度間競争」に関して，個人営業部門と法人営業部門との関係を変化の指標として事例研究を行った。日本的雇用制度とは，職能資格制度を中核として，新規学卒一括採用や部門間の配置転換，職能給，人事部門による人的資源配分といった要素で構成されている。従って日系投資銀行でも，個人営業部門と法人営業部門の間には職能資格制度という「橋」が架けられており，従業員の処遇は，個人であれ法人であれ同一職能資格は基本的に同一である。

　他方アングロ・アメリカン雇用制度では，個人営業部門と法人営業部門はそもそも別の企業であり，仮に同一企業内であっても報酬体系は大きく異なっている。従って，日系投資銀行における両部門の関係を明らかにすることは，その「欧米化」の指標として相応しいものと言えるだろう。

　調査の結果，**日系投資銀行では個人営業部門と法人営業部門とに単一の職能資格制度が適用されており，両部門が共有している労働市場が，日系は基本的に「企業内」であることが明らかである。これに対して，非日系企業が日本的雇用制度に収斂する気配は見られない。**

　また，個人営業部門と法人営業部門が企業内で共有されている，いないにかかわらず，日系では両者を異なる給源から新規学卒採用をしている。他方非日系の場合明示的な職種別採用を行う企業は存在しないが，個人営業部門と法人営業部門とは企業内では労働市場が共有されていない。第4章と同様，**日系は「マーケット効果＞インダストリー効果」，日系以外では「インダストリー効果＞マーケット効果」，或いは「ホームカントリー効果＞マーケット効果」なのである。**

　これまでの章がすべて金融機関を対象にした，ロンドンおよび東京における「雇用制度間競争」であったのに対して，第7章は，日本における自動車産業の「雇用制度間競争」であった。「資本主義の多様性」理論に従

えば，金融機関とは真逆で日本的雇用制度に優位性がある産業であるというのが，自動車産業を対象とする理由である。言うなれば，「(産業＝日本(CME)は得意産業)×(市場＝東京(CME))」という環境下における「雇用制度間競争」を明らかにすることがこの章の課題であった。

まず昇進管理については日系と非日系による差が大きく，後者は早ければ20歳代で部長に昇進している所もあるが，前者は，課長昇進の最短は35～36歳というのが相場である。タレントマネジメントについても，日系はあくまでも役員層の育成に重点が置かれているのに対して，非日系ではキャリアの早期から選抜が行われている。「元米系」では昇進年齢は「純日系」より若干早いが，賞与の個人業績連動部分は明らかに日系より大きく，日系と非日系の中間に位置している。さらに人事制度に関しては，日系は職能資格制度，非日系は職務給，役割給と分れている。こうした個人業績と賞与との関係が，投資銀行に比べて大きいか否かは，一概に言うことはできない。

以上のことから，日本的雇用制度の大幅な変化を示す事実も，逆に非日系が日系に収斂することを示す事実も確認されなかった。即ち**日系は「マ**

図表1 ▶ 同一産業・同一市場における日本的雇用制度

	投資銀行	自動車
ロンドン市場	産業，市場特性により日本的雇用制度の移転困難（第3章）	本書の対象外
東京市場	ホームカントリー効果により日本的雇用制度の存続（第4章，第6章）	産業，市場特性により，日本的雇用制度の存続（第7章）

資料出所；筆者作成。

ーケット効果＝インダストリー効果」だが，非日系は「ホームカントリー効果＞マーケット効果（＝インダストリー効果）」であると言えるだろう。

以上述べたことを示したのが，**図表1**である。

日本的雇用制度はどこに向かうのか？（1）―日本国内の場合

以下では，本書の分析を踏まえて，日本的雇用制度の今後の展望を①国内における存続可能性，②海外における移転可能性，の2つの側面から検討しよう。

まずは，「日本国内における日本的雇用制度」である。序章で想定した仮説は，次の2点であった。
(1) 得意産業である自動車産業において，雇用制度の変化が確認される。その結果，将来的には得意産業における変化が不得意産業に波及して，日本的雇用制度に変化を促す可能性がある。
(2) 不得意産業である金融機関（本書では，投資銀行）において，雇用制度の変化は確認されない。不得意産業においてすら雇用制度の変化が確認されなければ，日本的雇用慣行は総体として維持されると考えられる。

(1) について，日本的雇用制度の得意産業である自動車産業において，その変化を示す事実は見出されなかった。従って「得意産業の変化⇒不得意産業への波及」を通じて日本的雇用制度が変貌するという経路は確認されなかった。

次に (2) であるが，不得意産業である投資銀行においても，雇用制度の変化は少なくとも国内では確認されなかった。従って，(1)，(2)，を総合すると日本的雇用制度は国内では大きな変化に晒されていないと結論できるだろう。

もっとも，日本的雇用制度を規定する重要な要因であるにもかかわらず，本書で十分言及できなかったのは整理解雇に関する判例法理である。従来，企業が雇用調整を目的とした解雇，即ち整理解雇を行う際は判例法理上「整理解雇四要件」が確立しており，これを充足しない形で行われた解雇は判決で無効とされる，というのが従来の理解だった。整理解雇の四要件とは，①人員整理の必要性，②解雇回避努力義務の履行，③被解雇者選定の合理性，④手続の妥当性，である（島田（陽）[2012]）。

　しかし，アングロ・アメリカンを含む非日系企業では，東京という「同一産業・同一市場」において日系に比べて雇用調整に違いが見られる。言わずもがなのことだが，判例法理は日本で操業していれば非日系企業にも当然適用される。要は，日本企業もアングロ・アメリカン雇用制度の水準まで雇用調整を行うことができるのである。それでは東京という「同一産業・同一市場」で，雇用調整のスピードにおいて日本的雇用制度とアングロ・アメリカン雇用制度との間に差が生じるのはなぜだろう。恐らく整理解雇の判例法理の限界まで雇用調整を行うことに対する世間の批判，メディアの評価が，日本企業と非日系企業で異なるからではないだろうか。つまり，日本企業は国内では雇用を守ることに対する圧力が大きいのである。従来，東京市場で日本的雇用制度がアングロ・アメリカン雇用制度に収斂しなかった理由の大半はこの点にあると言えるだろう。

　しかし，近年は裁判所の判例や整理解雇に関する判例法理にも変化が見られると言う。その結果，従来の「整理解雇の四要件」は今や「四要素」に過ぎないという見方も現れた（島田（陽）[2012]）。こうした判例法理の変化によって，将来長期雇用が変質するか否かは，残された課題である[1]。

日本的雇用制度はどこに向かうのか？（2）―海外の場合

さて，次なる問題は「海外における日本的雇用制度」である。

1980年代から90年代にかけて日本の企業の国際人的資源管理の最大の課題は，「日本的雇用制度の移転可能性」であった。製造業と非製造業とを問わず多くの日本人が海外に派遣され，彼らは「技術移転」の担い手として終身雇用や年功賃金，家族主義的経営など日本的雇用制度の海外移転に努めた。しかし，こうした日本的雇用制度はブルーカラーでは成功しているものの，上級ホワイカラーの採用や定着に成功していないことが当時から明らかになっていた（石田 [1985]）。翻って現在，投資銀行を含むロンドンの日系の金融機関ではかつての様に日本的雇用制度を移転する試みは全くない。むしろ日系投資銀行の人的資源管理は，経験者の中途採用やコーポレイト・タイトル等多くの点で「外部公平性」を重視するロンドン市場のベスト・プラクティスに自らの「組織フィールド」にしている。理由は「そうしなければ，ベストタレントを確保できない」という点に尽きる。むしろ新規学卒採用や企業内昇進等日本的雇用制度に近い人的資源管理を行っているのは，同一産業，同一市場で競争している英系企業であった。

日本人出向者による「差異化戦略」

しかし他方，日系投資銀行は，海外株式を海外機関投資家に販売するという外外ビジネスよりは，プライマリー市場では日本企業の株式発行，セカンダリー市場でも日本株というプロダクト重視することによってロンドン市場で他国籍の競争相手と自らを差異化するという戦略を採用している。その結果，日本株式を機関投資家に販売し（内外），欧州株式を日系機関

投資家に販売する（外内）エクイティでは，主要なポストは日本人出向者で占有されている。これはロンドン日系投資銀行におけるセールス，リサーチ等の職能のスキルとして，「言語」，及びそれに対応する国家や地域の「知識」が重要なためである。また，日本人出向者とローカル・スタッフの間には，こうした役割期待の差を反映した，「日本人出向者はジョブ・タイトルにリンク，ローカル・スタッフはマーケット・レートにリンク」という「二重構造」が存在しており，日本人出向者の給与は日本国内と同様，職能資格制度によって昇給しているのが実情である。

　以上のことから，第5章で述べた様に日本人出向者の存在が日系投資銀行の「差異化戦略」を可能にしており，表面上の制度とは裏腹に，日本人出向者に関しては日本的雇用制度が巧妙に移転されていることが窺われる。

　「ベスト・プラクティス」自体は，企業の差異化要因にはなり得ないから，日系投資銀行が日本的雇用制度を全く放棄するのは得策ではない。ただ「日本人出向者に対する日本的雇用制度」が維持される結果，日系がロンドンのベスト・プラクティスに収斂しながら，なお，ローカルのベストタレントの確保に失敗する危険性が大きくなるのは問題であろう。

図表2▶ロンドンの日系金融機関における賃金構造の統合

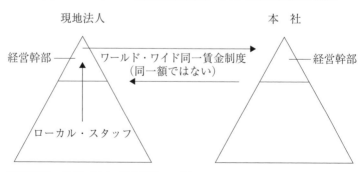

資料出所：八代（充）[2005]，p.59。

この点を解決するための論理的な選択肢は，次の2つである。

第1の選択肢は日本人出向者とローカル・スタッフの賃金の「二重構造」を改め，ワールド・ワイドすべての従業員の賃金構造を単一のものに改めること，それによって日本人出向者の本社からローカルの異動だけではなく，ローカル・スタッフによるローカルから本社の異動をも可能にすることである（**図表2** 参照）。もちろん日本人出向者とローカル・スタッフの賃金を絶対額で同じにするべきであると言っている訳ではない。賃金の絶対額が，日本人出向者とローカル・スタッフという立場の違いによって異なるのは，ある意味当然だろう。

第2の選択肢は，日本からの出向そのもの，各国の企業の管理を基本的にローカル・スタッフに置き換えていくことである（**図表3** 参照）。

上記2つは両極であり，従って現実に選択されるのは中間のいずれかであろう。例えば，第1の選択肢を実現するためには，日本本社の職能資格制度を大幅に成果主義人事制度に改定するか，或いはローカル・スタッフのサラリーに職能給を導入するか，いずれかの措置を講じなければならない。他方「日本企業を重要な顧客とすることで市場で差異化を図る」とい

図表3 ▶ ロンドンの日系金融機関における経営現地化

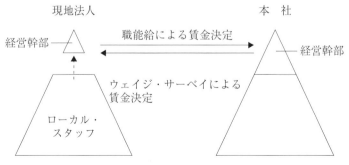

資料出所：八代（充）[2005]，p.59。

う戦略が見直されなければ，第2の選択肢が採用されることは不可能である。従って，実際には「二重構造」を維持する代わりに日本人出向者の数を現在よりもさらに減少させる，逆に日本人出向者の数を維持する代わりローカル・スタッフとの賃金（構造上の）格差を縮小させる，といった対応を採ることも考えられるだろう。

　ただしこれまで述べたことは，人的資源管理や人事制度の修正よってベストタレントが獲得できるという因果関係を前提にしている。しかし実際には，日系投資銀行を自らのキャリア・トラックとして選択するだけのメリットがなければ，そもそもこうした人材を獲得することは不可能である。日本株や日系機関投資家によって自らを差異化するという日系投資銀行の戦略が彼らの日系を選択するメリットを希薄にしているとすれば，問題の根はより深いと言わざるを得ない。

　もっとも本書で対象としたのは，日本的雇用制度にとって不得意産業である投資銀行がLME市場であるロンドンに進出した場合である。製造業等，日本的雇用制度にとって得意産業が国外に進出した場合，或いは不得意産業であってもロンドンの様なLMEではなくCMEの市場に進出した場合は，結果も異なるであろう。

　以上本書では，同一産業，同一市場で競争している異なる資本国籍の企業間の「雇用制度間競争」を通じて，日本的雇用制度の将来像を検討した。
　本書を終えるに当たり，今後の研究上の課題を2点指摘したい。
　まず第1に，「雇用制度間競争」は果たして「同一産業，同一市場」のみで行われるのかということである。同一産業ではあるが，市場を越えて或いは同一地域ではあるが異なる産業間でも人材獲得競争は行われうるだろう。
　第2に，本書では「収斂と差異化」を取り上げているが，第4章と第6

章の企業が一部重複しているため，時間の経過に伴う変化を観察できるとは言うものの，基本的に一時点である。同一企業を長期間に渡って対象とする事例研究の必要性を最後に指摘すると共に，筆者も引き続き本書の研究対象に関心を持ち続けたいと思う。

注

(1) 労働政策研究・研修機構［2014］によれば，調査対象企業の約2割が普通解雇・整理解雇を行っている。

参考文献

(邦文)

荒木尚志［2013］『労働法（第2版）』有斐閣。

荒井一博［1997］『終身雇用制と日本文化―ゲーム論的アプローチ』中公新書。

石田英夫［1985］『日本企業の国際人事管理』日本労働協会。

石田英夫［1999］『国際経営とホワイトカラー』中央経済社。

石田光男・富田義典・三谷直紀［2009］『日本自動車産業の仕事・管理・労使関係』中央経済社。

市川貴浩・太田良浩人［2013］「昇進格差から見る日本企業における『遅い昇進』の変化」『三田商学研究学生論文集』2012年度号，pp.19-39。

一守靖［2016］『日本的雇用慣行は変化しているのか―本社人事部の役割』慶應義塾大学出版会。

今田幸子・平田周一［1995］『ホワイトカラーの昇進構造』日本労働研究機構。

岩田龍子［1977］『日本的経営の編成原理』文眞堂。

植木英雄［1982］『国際経営移転論―ブラジル日系企業における日本的経営技術移植の実証的研究』文眞堂。

植木真理子［2002］『経営技術の国際移転と人材育成―日タイ合弁自動車産業の実証分析』文眞堂。

上原克仁［2007］『ホワイトカラーのキャリア形成―人事データに基づく異動と昇進の実証分析』日本生産性本部。

氏原正治郎［1953］「わが國における大工場労働者の性格」日本人文學会編『社会的緊張の研究』，有斐閣，pp.217-275。

岡本秀昭［1990］『経営と労働者』日本労働研究機構。

神尾真知子［1999］「法律から見た終身雇用と整理解雇」佐野陽子・宮本安美・八代充史編『人と企業を活かすルールしばるルール―これからの労働法制を考える』中央経済社，pp.46-57。

小池和男［1977］『職場の労働組合と参加─労資関係の日米比較』東洋経済新報社。
小池和男［1981］『日本の熟練─すぐれた人材形成システム』有斐閣選書。
小池和男［2005］『仕事の経済学（第3版）』東洋経済新報社。
小池和男［1994］『日本の雇用システム─その普遍性と強み』東洋経済新報社。
小池和男・猪木武徳編［1987］『人材形成の国際比較─東南アジアと日本』東洋経済新報社。
小池和男・猪木武徳編［2002］『ホワイトカラーの人材形成─日米英独の比較』東洋経済新報社。
高年齢者雇用開発協会［1984］『定年延長と人事管理の動向』高年齢者雇用開発協会。
小立敬［2012］「英国の新たな金融監督体制─マクロプルーデンスに重点を置いた体制づくり」『月刊資本市場』No.323, pp.28-34。
佐久間賢［1983］『日本的経営の国際性─異文化への適応は可能か』有斐閣。
佐藤博樹［2012］『人材活用進化論』日本経済新聞出版社。
佐藤博樹・藤村博之・八代充史［2015］『新しい人事労務管理（第5版）』有斐閣アルマ。
島田晴雄［1988］『ヒューマンウェアの経済学─アメリカの中の日本企業』岩波書店。
島田晴雄［1994］『日本の雇用─21世紀への再設計』ちくま新書。
島田陽一［2012］「企業内の雇用ミスマッチと解雇権濫用法理」『日本労働研究雑誌』626号, pp.50-59。
白木三秀［1995］『日本企業の国際人的資源管理』日本労働研究機構。
白木三秀［2006］『国際人的資源管理の比較分析─「多国籍内部労働市場」の視点から』有斐閣。
菅山真次［2011］『「就社」社会の誕生─ホワイトカラーからブルーカラーへ』名古屋大学出版会。
須田敏子［2004］『日本型賃金制度の行方─日英の比較で探る職務・人・市場』慶應義塾大学出版会。

須田敏子［2010］『戦略人事論―競争優位の人材マネジメント』日本経済新聞出版社。

須田敏子・山内麻理［2015］「国際経営比較論―各国の競争優位・劣位を制度的補完性から解明」須田敏子編『日本型戦略の変化―経営戦略と人事戦略の補完性から探る』東洋経済新報社，pp.49-68。

清家篤［2000］『定年破壊』講談社。

清家篤［2013］『雇用再生―持続可能な働き方を考える』NHK出版。

高梨昌編［1994］『変わる日本型雇用』日本経済新聞社。

高宮誠［1980］「ヨーロッパにおける日本の多国籍企業―その活動と公共政策に関する含意」『経済学論集』第46巻2号，pp.2-19。

中根千枝［1967］『タテ社会の人間関係―単一社会の理論』講談社現代新書。

新穂徳仁・春成勇樹・川上由布［2008］「日本における経営幹部候補育成方法の変化―日本企業・外資系企業との比較を通じて」『三田商学研究学生論文集』2007年度号，pp.57-76。

日経連オーラルヒストリー研究会［2011］『日本経営者団体連盟と戦後の労務管理（1）―日経連50年と職務分析センターを中心に』慶應義塾大学産業研究所。

日経連職務分析センター編［1980］『新職能資格制度―設計と運用』日本経営者団体連盟弘報部。

日本経営者団体連盟［1995］『新時代の「日本的経営」―挑戦すべき方向とその具体策』日本経営者団体連盟。

日本生産性本部［2016］『第15回日本的雇用・人事の変容に関する調査』日本生産性本部。

日本労働研究機構［1993］『大企業ホワイトカラーの異動と昇進―「ホワイトカラーの企業内配置，昇進に関する実態調査」結果報告』日本労働研究機構。

日本労働研究機構［1998］『国際比較：大卒ホワイトカラーの人材開発・雇用システム―日・米・英・独の大企業（2）―アンケート調査編』日本労働研究機構。

野村敦子［2014］「欧米の主要な総合金融機関におけるビジネスモデルの方向性」『JRI レビュー』Vol.7, No.17, pp.2-31。

服部泰宏［2013］『日本企業の心理的契約（増補改訂版）——組織と従業員の見えざる約束』白桃書房。

花田光世［1987］「人事制度における競争原理の実態——昇進・昇格のシステムからみた日本企業の人事戦略」『組織科学』21 巻 2 号，pp.44-53。

樋口美雄［1996］『労働経済学』東洋経済新報社。

平野光俊［2006］『日本型人事管理——進化型の発生プロセスと機能性』中央経済社。

前田良行［2000］『実力主義という幻想——「外資」の虚像と実像』時事通信社。

馬越恵美子・桑名義晴編［2010］異文化経営学会著『異文化経営の世界——その理論と実践』白桃書房。

八代充史［1995］『大企業ホワイトカラーのキャリア——異動と昇進の実証分析』日本労働研究機構。

八代充史［1998］「金融機関における大卒ホワイトカラーの雇用管理の日英比較」『三田商学研究』41 巻 3 号，pp.29-46。

八代充史［2002］『管理職層の人的資源管理——労働市場論的アプローチ』有斐閣。

八代充史［2004］「イギリスの投資銀行（2）」『JSHRM Insights』第 27 号，pp.22-25。

八代充史［2005］「イギリスの投資銀行——日系企業と非日系企業における管理職層」『日本労働研究雑誌』545 号，pp.51-61。

八代充史［2007］「投資銀行における賃金制度の資本国籍間比較」『日本労働研究雑誌』560 号，pp.66-74。

八代充史［2008a］「人事制度の国際比較——多国籍企業内労働市場における収斂と差異化」『賃金・労務通信』第 61 巻 3 号，pp.12-18。

八代充史［2008b］「ロンドンの日系金融機関における日本人出向者の役割」『三田商学研究』50 巻 6 号，pp.89-107。

八代充史［2011］「管理職への選抜・育成から見た日本的雇用制度」『日本労

働研究雑誌』606 号, pp.20-29。

八代充史［2012］「投資銀行における人的資源管理の収斂と差異化―東京における日系投資銀行の欧米化？」『三田商学研究』55 巻 5 号, pp.27-40。

八代充史［2013］「組織フィールドの変化と日本的雇用制度―『戦略人事論』,『外資が変える日本的経営』,『雇用システムの多様化と国際的収斂』を通じて」『三田商学研究』56 巻 2 号, pp.23-28。

八代充史［2014］『人的資源管理論―理論と制度（第 2 版）』中央経済社。

八代充史［2015］「雇用制度の産業間比較―雇用制度の違いは存在するか？」『三田商学研究』58 巻 5 号, pp.35-46。

八代充史他編［2010］『能力主義管理研究会オーラルヒストリー―日本的人事管理の基盤形成』慶應義塾大学出版会。

八代充史他編［2015］『新時代の「日本的経営」オーラルヒストリー―雇用多様化論の起源』慶應義塾大学出版会。

八代尚宏［1997］『日本的雇用慣行の経済学―労働市場の流動化と日本経済』東洋経済新報社。

八代尚宏［2009］『労働市場改革の経済学―正社員「保護主義」の終わり』東洋経済新報社。

山内麻理［2013］『雇用システムの多様化と国際的収斂―グローバル化への変容プロセス』慶應義塾大学出版会。

連合総合生活開発研究所［2000］『裁量労働制の適用可能性に関する調査研究報告書』連合総合生活開発研究所。

労働政策研究・研修機構［2014］『従業員の採用と退職に関する実態調査―労働契約をめぐる実態に関する調査（Ⅰ）』労働政策研究・研修機構。

労務行政研究所編集部［1997］「『特別調査』転機に立つ職能資格制度の実態（上）」『労政時報』3286 号（1 月 3 日），pp.2-23。

（欧文）

Abegglen, James C.［1958］*The Japanese Factory: Aspects of its Social Organization*, Glencoe: Free Press（山岡洋一訳［2004］『日本の経営』日

本経済新聞社).

Auger, Philip [2000] *The Death of Gentlemanly Capitalism: the Rise and Fall of London's Investment Banks*, London: Penguin Books.

Cappelli, Peter [1999] *The New Deal at Work: Managing the Market-driven Workforce*, Boston: Harvard Business School Press (若山由美訳 [2001]『雇用の未来』日本経済新聞社).

DiMaggio, Paul. J. and Walter W. Powell [1983] "The Iron Cage Revisited: Institutional Isomorphism and Collective Rationality in Organizational Fields", *American Sociological Review*, Vol.48, Issue.2, April, pp.147-160.

Dore, Ronald [1973] *British Factory, Japanese Factory: the Origins of National Diversity in Industrial Relations*, Berkeley: University of California Press (山之内靖・永易浩一訳 [1987]『イギリスの工場・日本の工場—労使関係の比較社会学』筑摩書房).

Eccles, Robert G. and Dwight B. Crane [1988) *Doing Deals: Investment Banks at Work*, Boston, Mass.: Harvard Business School Press (松井和夫監訳 [1991]『投資銀行のビジネス戦略—ネットワークに見る「強さ」の秘密』日本経済新聞社).

Hall, Peter A. and David W. Soskice (eds.) [2001] *Varieties of Capitalism: The Institutional Foundations of Comparative Advantage*, New York: Oxford University Press (遠山弘徳他訳 [2007]『資本主義の多様性—比較優位の経済的基礎』ナカニシヤ出版).

Jacoby, Sanford M. [2005] *The Embedded Corporation: Corporate Governance and Employment Relations in Japan and the United States*, Princeton, N.J.: Princeton University Press (鈴木良治他訳 [2005]『日本の人事部・アメリカの人事部—日米企業のコーポレイト・ガバナンスと雇用関係』東洋経済新報社).

Katz, Harry C. and Owen Darbishire [2000] *Converging Divergences: Worldwide Changes in Employment Systems*, Ithaca, NY: Cornell

University Press.

Kerr, Clark [1983] *The Future of Industrial Societies: Convergence or Continuing Diversity?* Cambridge, Mass.: Harvard University Press（嘉治元郎監訳 [1984]『産業社会のゆくえ―収斂か拡散か』東京大学出版会）.

Olcott, George [2009] *Conflict and Change: Foreign Ownership and the Japanese Firm*, Cambridge, UK: Cambridge University Press（平尾光司・宮本光晴・山内麻理訳 [2010]『外資が変える日本的経営―ハイブリッド経営の組織論』日本経済新聞出版社）.

Ouchi, William G. [1981] *Theory Z: How American Business Can Meet the Japanese Challenge*, Reading, Mass.: Addison-Wesley（徳山二郎監訳 [1981]『セオリーZ―日本に学び，日本を超える』CBSソニー出版）.

Pfeffer, Jeffrey [1998] *The Human Equation: Building Profits by Putting People First*, Boston: Harvard Business School Press（佐藤洋一訳 [2010]『人材を生かす企業―人材と利益の方程式』，翔泳社）.

Rappaport, Stephen. P. [1988] *Management on Wall Street: Making Securities Firms Work*, Homewood: Dow Jones-Irwin, Inc.（藤原英郎訳 [1991]『アメリカの証券会社経営―人事・組織・経営』東洋経済新報社）.

Rosenbaum, James E. [1984] *Career Mobility in a Corporate Hierarchy*, Orlando, Fla.: Academic Press.

Sako, Mari, 'Training, Productivity, and Quality Control in Japanese Multinational Firms, in Aoki, Masahiko and Ronald Dore (eds.) [1994] *The Japanese Firm: the Sources of Competitive Strength*, Oxford: Oxford University Press, pp.84-116.（[1995]「日本の多国籍企業における技能訓練・生産性・品質管理」NTTデータ通信システム科学研究所訳『国際・学術研究 システムとしての日本企業』NTT出版), pp.99-140。

Sherer, Peter D. and Robert S. Macy [2003] 'Gaining Competitive Advantage (or not) through Best Practices Versus Different-From Competitor Practices in Highly Successful Law Firms', Paper Presented to the Conference of Clifford Chance Centre of Management of

Professional Service Firms, Said Business School, University of Oxford.

Stewart, Rosemary, et al [1994] *Managing Britain and Germany*, Basingstoke: Macmillan.

Storey, John, Edwards, Paul K. and Keith Sisson [1997] *Managers in the Making: Careers, Development and Control in Corporate Britain and Japan*, London: SAGE.

Takamiya, Susumu and Keith Thurley [1985] *Japan's Emerging Multinationals: An International Comparison of Policies and Practices*, Tokyo: University of Tokyo Press.

Turcq, Dominique [1985] *L'animal Stratégique: L'anbiguïte du pouvoir chez Les cardres japonais*, Paris: Editions de l'Ecole des hautes études en sciences sociales（葉山滉訳［1986］『曖昧の構造―国際進出と日本のホワイトカラー』毎日新聞社）.

White, Michael R.M. and Malcom Trevor [1983] *Under Japanese Management: the Experience of British Workers*, London: Heinemann（猪原英雄訳［1986］『ジャパニーズ・カンパニー―外国人労働者が見た日本式経営』光文社）.

Yamauchi, Mari [2016] 'Employment Systems in Japan's Financial Industry: Globalization, Growing Divergence and Institutional Change', *British Journal of Industrial Relations*, Vol.54, Issue 3, pp.522-551.

索　引

英数
CME ················· 17, 41, 81, 162, 172
LME ················· 17, 41, 81, 163, 172
M&A ·· 63

あ行
アングロ・アメリカン雇用制度……54,
　75, 81, 100, 127, 129, 135, 137, 165, 168
アンダーライティング············ 63, 109
一律年功·································28, 30
一般的技能······························ 41
一般的熟練······························ 26
インダストリー効果 ······51, 75, 81, 95,
　　　　　　　　　158, 162, 164, 167
インベストメント・バンキング······85,
　　　　　　　　102, 114, 120, 130
ウェイジ・サーベイ…71, 73, 84, 86, 92,
　　　99, 101, 106, 108, 116, 118, 132, 163
ウェルスマネジメント部門·········132
エージェンシー・ビジネス··········· 64
エクイティ ······62, 69, 85, 88, 102, 106,
　　　　　　　　　　　　109, 121
エクゼキューション···············104, 106
エリア総合職·····························131
オリジネーション················ 63, 109

か行
解雇権濫用法理·················26, 35
外部公平性·············· 74, 100, 163, 169
外部採用······································108
外部労働市場···············68, 73, 85, 99
カスタマー・トレーダー············· 70
可塑性·································27, 35
幹部候補生·························133, 151
幹部候補生の早期選抜················ 36
管理職··································· 31
管理職層·········· 31, 145, 147, 149, 152
機関投資家······························ 62
期間に定めのない雇用契約··········· 26
企業特殊的技能························ 41
企業特殊的熟練························ 26
企業内昇進··············34, 68, 108, 169
企業内労働市場·········34, 68, 82, 85, 135
企業内労働市場要因···················· 85
業種要因································ 42
グラス・スティーガル法············· 64
グローバル型社員··············130, 135
グローバル・グレイド················151
グローバル・タレントマネジメント
　··153
グローバル・ビジネスライン········ 85
グローバル・リーダーシップ・プログ
　ラム··150
コーポレート人材······················154
コーポレイト・タイトル···68, 82, 87, 92,
　　　　　　　　　　　　112, 118
コーポレイト・ファイナンス··· 63, 104
コア人材··································145
国際人的資源管理······················169
個人営業部門·············· 18, 131, 165
個人投資家······························ 62
個別企業要因······························ 42
個別制度間の補完性········ 37, 143, 157
雇用制度間競争··· 15, 16, 17, 25, 44, 47,

　　　　　48, 61, 81, 95, 100, 127, 135, 137, 143,
　　　　　161, 162
雇用調整……………………………136
雇用保障………………… 41, 135, 158

　　　　　　　　さ 行

サーチ・ファーム……………… 68, 115
差異化………………………… 50, 171
差異化戦略……………………122, 170
サラリー・レンジ…………… 87, 88, 93
資格昇格………………………… 31, 33
市況要因………………………………85
仕事基準……………………………33, 74
仕事の企業内価値………………………74
仕事の市場価値…………………………74
資産運用会社……………………………62
市場志向…………………………………47
資本国籍間比較……… 16, 18, 61, 81, 135
資本国籍要因……………………………42
資本主義の多様性… 16, 41, 54, 143, 161,
　　　　　165
自動車産業………………143, 161, 167
就社………………………………………27
就社社会…………………………………27
就職………………………………………27
終身雇用…………………………………25
自由な市場経済…………………………41
収斂……49, 52, 83, 95, 135, 137, 157, 168
収斂と差異化……………17, 81, 99, 172
昇格先行，昇進追随……………… 32, 162
昇給原資……………………… 88, 89, 92
昇進スピード競争………………… 29, 30
昇進選抜…………………… 28, 33, 156
賞与の個人業績連動部分……………166
職種別採用……………………………127
職種別賃金制度………………………127
職種別労働市場…………………………75

職能給……………………………152, 171
職能資格制度…31, 33, 67, 127, 134, 144,
　　　　　147, 150, 151, 155, 157, 166, 170
職務価値…………………………………33
職務給………………… 149, 152, 157, 166
職務等級…………………………………33
ジョブ・グレイド………… 72, 108, 115
ジョブ・タイトル… 67, 68, 73, 82, 107,
　　　　　163, 170
ジョブ・タイトル制度…………………99
新規学卒採用 ……27, 35, 144, 147, 148,
　　　　　152, 158, 162, 169
新規学卒者…………………………155
人材獲得競争……… 15, 16, 43, 48, 147, 161
シンジケーション………… 63, 109, 114
シンジケート・ローン………………118
人事部門………33, 34, 89, 92, 153, 155
人事部門主導型…………………………94
人的資本理論……………………………13
心理的契約………………………………26
ストック・ブローカー………………128
ストラクチャード・ファイナンス
　　　　　…………………112, 114, 117
セールス……………… 69, 70, 106, 130
成果主義………………………17, 38, 171
生産物市場………………………………48
生産要素市場…………………………161
制度環境…………………………………38
制度的同形化……………………………38
制度的補完性…………………………158
整理解雇の四要件………………… 26, 168
早期選抜………………………………145
総合職………………………131, 133, 134
組織志向…………………………………47
組織フィールド…36, 38, 43, 53, 99, 137,
　　　　　161, 169

索　引　185

た行

第一選抜……………………… 29, 156
多国籍企業要因………………… 85
脱制度化………………………39, 40
タレントマネジメント………157, 166
地域限定総合職………………133, 136
中途採用…………… 68, 118, 147, 151
長期雇用……13, 25, 34, 35, 144, 158, 162
調整された市場経済…………… 41
トータル・コンペンセーション……89, 115
トーナメント型競争……………29, 30
同一産業・同一市場…15, 16, 44, 47, 48, 61, 95, 143, 161, 162, 169
同一年次同時昇進…………… 28, 29, 31
投資銀行 …17, 18, 61, 81, 135, 143, 161, 167
投資銀行業務……………………128
投資銀行部門……………………63, 69
得意産業……16, 18, 41, 48, 54, 137, 158, 162, 167
特別社員……………………… 134
トレーダー……………………69, 70
トレーディング…………………130

な行

内部公平性……………………… 74, 100
日本人出向者……68, 108, 118, 164, 170, 171
日本人出向者比率………………122
日本的経営…………………… 13, 48
日本的雇用制度 …13, 16, 25, 35, 43, 48, 81, 100, 122, 137, 161, 165, 170, 172
日本的雇用制度の移転可能性 …54, 61, 73, 99, 169
年功賃金……………………… 13, 38
年次……………………………… 27
年次管理…………………… 34, 35, 162
ノミネイション・アドヴァイザリー・カウンシル ………………153
ノンレベニュー・ファンクション………………………………71, 72

は行

ハイ・ポテンシャル・ピープル …145, 147, 152
バック部門……………………… 89
パフォーマンス・アプレイザル…… 82
パフォーマンス・ボーナス…71, 83, 108
ピア・レビュー………………… 91
非管理職層…………………145, 147
人基準…………………………… 33
ファンクショナル・タイトル………101
ファンド・マネジャー………… 62
フィクスト・インカム… 62, 69, 88, 102
フィクスト・ペイ……………71, 83
不得意産業 ……16, 18, 41, 48, 137, 163, 167, 172
部門完結型……………………… 94
部門プラス人事部門混合型………… 94
プライマリー市場………………128
プロジェクト・ファイナンス…112, 114
プロ職………………………… 134
プロプライエタリー・トレーダー… 70
プロプライエタリー・ビジネス…63, 64
フロント部門……………67, 89, 133
ベース・サラリー……… 88, 89, 93, 132
ペイ・グレイド…………………151
ヘイ・システム………………… 72
ベストタレント……14, 84, 169, 170, 172
ベストフィット・アプローチ……… 37
ベスト・プラクティス …15, 16, 81, 99, 135, 137, 161, 163, 170
ベストプラクティス・アプローチ… 37

ベンチ・マーク……………………116, 119
ボーナス・アクルーアル………… 90
ボーナス・プール …72, 83, 93, 99, 108, 118
ホームカントリー効果…51, 95, 99, 100, 137, 158, 162, 164, 167
ホール＝ソスキス………………… 41
法人営業部門……18, 127, 128, 129, 130, 131, 133, 135, 136, 165

ま 行

マーケット効果… 51, 52, 75, 81, 95, 99, 137, 161, 164, 166
マーケット・レート…… 68, 71, 83, 170
マーケティング・タイトル…68, 82, 101
マーチャント・バンキング…………101
マーチャント・バンク……………… 65
マクラガン………………71, 83, 108, 132
ミドル部門………………………… 89

や 行

役職昇進……………………………31, 33
役職定年……………………146, 148, 149
役職定年制…………………………154
役職と資格の分離………………… 31
役職離脱制度………………………156
役割給………………………………157, 166

ら 行

リクルートメント・エージェンシー
　………………………………68, 115
リサーチ……………………………69, 106
リテンション・ボーナス………… 90
リレーションシップ・バンキング…112
レベニュー・ファンクション……71, 72
ローカル・スタッフ…68, 104, 108, 112, 116, 151, 164, 170, 171
ローテーション・ディベロップメント・プログラム　………………………154
労働市場…………………………… 48, 161

■著者紹介

八代　充史（やしろ　あつし）

慶應義塾大学商学部教授。博士（商学）。
1959年生まれ。1987年慶應義塾大学大学院商学研究科博士課程単位取得退学。
日本労働研究機構勤務を経て、1996年慶應義塾大学商学部助教授。2003年同教授。

〈主著〉『人的資源管理論（第2版）』（中央経済社，2014年）
　　　　『大企業ホワイトカラーのキャリア』（日本労働研究機構，1995年）
　　　　『管理職層の人的資源管理』（有斐閣，2002年）
　　　　『雇用・就労変革の人的資源管理』（共編著，中央経済社，2003年）
　　　　『ライブ講義　はじめての人事管理（第2版）』（共著，泉文堂，2015年）
　　　　『新しい人事労務管理（第5版）』（共著，有斐閣アルマ，2015年）

日本的雇用制度はどこへ向かうのか
―金融・自動車業界の資本国籍を越えた人材獲得競争

2017年3月30日　第1版第1刷発行

著　者　八　代　充　史
発行者　山　本　　　継
発行所　㈱中央経済社
発売元　㈱中央経済グループ
　　　　パブリッシング

〒101-0051　東京都千代田区神田神保町1-31-2
電話　03 (3293) 3371（編集代表）
　　　03 (3293) 3381（営業代表）
http://www.chuokeizai.co.jp/
印刷／㈱大藤社
製本／誠製本㈱

© 2017
Printed in Japan

＊頁の「欠落」や「順序違い」などがありましたらお取り替えいたしますので発売元までご送付ください。（送料小社負担）

ISBN978-4-502-21801-9　C3034

JCOPY〈出版者著作権管理機構委託出版物〉本書を無断で複写複製（コピー）することは，著作権法上の例外を除き，禁じられています。本書をコピーされる場合は事前に出版者著作権管理機構（JCOPY）の許諾を受けてください。

JCOPY〈http://www.jcopy.or.jp　eメール：info@jcopy.or.jp　電話：03-3513-6969〉

好評既刊

◎人の育成・活用について学べば組織や企業のしくみがわかる！

人的資源管理論＜第2版＞
―理論と制度

八代充史[著]

目 次 A5判・上製・228頁

第1部 人的資源管理の理論と歴史
第1章 人的資源管理とは
第2章 人的資源管理のさまざまな概念
第3章 人的資源関知と労働市場
第4章 人的資源管理の歴史的発達
第5章 人的資源管理の組織と制度
第2部 人的資源管理の諸領域
第6章 初期キャリア管理―募集・選考・内定・初任配属
第7章 異動・昇進管理
第8章 定年制と雇用調整―さまざまな退職管理
第9章 賃金・労働時間
第10章 人事考課
第3部 人的資源管理の国際化
第11章 人的資源管理の国際比較と国際人的資源管理
終 章 これからの人的資源管理

中央経済社

好評既刊

◎世界24カ国,1,000社以上のCEOと5,000人以上のエグゼクティブのデータを分析した世界的プロジェクト,待望の邦訳!

文化を超える
グローバルリーダーシップ
―優れたCEOと劣ったCEOの行動スタイル

R.J. ハウス,P.W. ドーフマン,M. ジャヴィダン,
P.J. ハンジェス,M.F. サリー・デ・ルケ[著]

太田正孝[監訳・解説]　渡部典子[訳]　A5判・上製・480頁

◎1人ひとりがリーダーシップを発揮する＝強い職場!
　リーダーシップにまつわる誤解をときながら,最新の研究成果をベースにわかりやすく解説。

シェアド・リーダーシップ
―チーム全員の影響力が職場を強くする

石川　淳[著]　　　　　　　　　A5判・並製・228頁

中央経済社

ベーシック＋プラス
Basic Plus

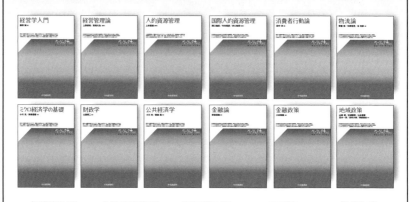

経営学入門	人的資源管理	経済学入門	金融論	法学入門
経営戦略論	組織行動論	ミクロ経済学	国際金融論	憲法
経営組織論	ファイナンス	マクロ経済学	労働経済学	民法
経営管理論	マーケティング	財政学	計量経済学	会社法
企業統治論	流通論	公共経済学	統計学	他

いま新しい時代を切り開く基礎力と応用力を兼ね備えた人材が求められています。
このシリーズは，各学問分野の基本的な知識や標準的な考え方を学ぶことにプラスして，一人ひとりが主体的に思考し，行動できるような「学び」をサポートしています。

中央経済社

Let's START!
学びにプラス！
成長にプラス！
ベーシック＋で
はじめよう！